新媒体用户分析与运营

IMS（天下秀）新媒体商业集团 编著

清华大学出版社

北京

内容简介

本书采用"理论+实践"的教学模式，按内容分为9章，分别是新媒体概述与用户特征、新媒体用户需求分析、新媒体用户行为分析、新媒体用户心理与情绪分析、新媒体用户运营的内容与要素、用户画像的描述与建模、用户体系的建立方法、用户运营触达系统的基础搭建和新媒体用户运营的道与术。每个章节都包含基础理论知识与相关案例分析，用理论知识指导实践操作，以实践操作巩固理论知识，使课程循序渐进，渐入佳境。另外，本书赠送课程标准、授课大纲、讲义、PPT课件以及测试题，以便读者学习和教师授课，读者可根据个人需求扫描下方二维码下载使用。

本书结构清晰、由简到难，图片与视频精美实用、分解详细，文字阐述通俗易懂，与实践结合密切，具有很强的实用性，适合高职、大中专院校相关专业的学生使用。

图书在版编目（CIP）数据

新媒体用户分析与运营 / IMS（天下秀）新媒体商业集团编著. —北京：清华大学出版社，
2022.2（2025.1 重印）
（新媒体营销系列）
ISBN 978-7-302-60047-3

Ⅰ.①新… Ⅱ.①I… Ⅲ.①传播媒介－运营管理 Ⅳ.①G206.2

中国版本图书馆CIP数据核字（2022）第018299号

责任编辑：张　敏
封面设计：郭二鹏
责任校对：胡伟民
责任印制：刘　菲

出版发行：清华大学出版社
　　网　　　址：https://www.tup.com.cn，https://www.wqxuetang.com
　　地　　　址：北京清华大学学研大厦A座　　邮　编：100084
　　社　总　机：010-83470000　　　　　　　　邮　购：010-62786544
　　投稿与读者服务：010-62776969，c-service@tup.tsinghua.edu.cn
　　质　量　反　馈：010-62772015，zhiliang@tup.tsinghua.edu.cn
　　课 件 下 载：https://www.tup.com.cn,010-83470236
印 装 者：三河市东方印刷有限公司
经　　销：全国新华书店
开　本：170mm×240mm　　印　张：14　　字　数：349千字
版　次：2022年4月第1版　　印　次：2025年1月第4次印刷
定　价：69.80元

产品编号：094798-01

编委会名单

编　著　者： IMS（天下秀）新媒体商业集团

编委会成员（排名不分先后）：

王　薇	王冀川	卢　宁	李　檬	李　剑	李文亮
李云涛	李　杨	孙　宁	孙杰光	孙　琳	刘　鹤
张歌东	张宇彤	张建伟	张　烨	张笑迎	张志斌
陈　曦	陆春阳	徐子卿	韩　帆	郭　擂	段志燕
杨　丹	杨　羽	吴奕辰	袁　歆	唐　洁	雷　方
蔡林汐	韩世醒	秦　耘	樊仁杰		

前言
PREFACE

目前，随着新媒体行业的迅速发展，市场规模不断扩大、用户数量不断增长，如何针对新媒体内容完成用户的拉新、留存、促活以及变现一直是新媒体人所讨论的一个热门话题。本教材聚焦于用户分析与运营，通过理论知识与实践相结合的方法完成教学培养目标，重点培养学生关于用户分析和用户运营等方面的专业能力，掌握新媒体用户分析与运营的相关知识与从业能力，为蓬勃发展的市场培养和输送更多的专业人才，以缓解当今行业人才迫切需求的压力。

本书内容

本书共分 9 章，分别为新媒体概述与用户特征、新媒体用户需求分析、新媒体用户行为分析、新媒体用户心理与情绪分析、新媒体用户运营的内容与要素、用户画像的描述与建模、用户体系的建立方法、用户运营触达系统的基础搭建、新媒体用户运营的道与术。

每个章节围绕一个知识主题，设置相关的课堂讨论与时下热门案例的案例分析，采用案例教学、情景模拟和角色模拟等教学方法，注重实践分析工具的运用，进行参与式和合作式教学，旨在提升学生的团队协作能力、统筹管理能力、理解能力、资料收集与整理的能力、分析能力、实践能力和创新能力。

本书依据互联网营销、电子商务、用户分析与运营等相关职业岗位所需的行业基础知识要求编写，以新媒体用户运营岗位所需的能力为出发点，充分考虑职场新人应具备的相关理论知识和实践能力，构建课程的理论教学内容，并根据不同的理论教学内容，有针对性地加入实训环节，在实践中强化相关理论知识，使学生为以后的课程学习奠定良好基础。

本书特点

本书采用"理论 + 实践"的教学模式，用理论指导实践，用实践巩固理论，并配合相应的课堂讨论，对课堂学习成果进行巩固并加深学生对知识点的理解，采用互动式课堂，让每个学生参与进来，提高学生的学习兴趣和自主学习的能力，丰富课堂教学形式与内容。

　　本书赠送资源包括课程标准、授课大纲、讲义、PPT 课件以及测试题，以便读者学习和教师授课，读者可根据个人需求扫描下方二维码下载使用。

课程标准

授课大纲

讲义

PPT 课件

测试题

编者

目录
CONTENTS

第1章 新媒体概述与用户特征

由于互联网和信息产业等新技术的出现和发展，已经彻底颠覆了传统的传播机制，从传统媒体的点对面的传播机制转变为新媒体的多点对多点、全立体的传播机制。本章主要介绍新媒体的概念、特征及发展历程，概述新媒体媒介的形态演变、发展趋势以及新媒体运营渠道，同时，阐述了新媒体用户消费心理和新媒体用户的特征，通过分析实际案例，帮助读者区分传统媒体与新媒体用户特征。

1.1 什么是"新媒体"

中文的"新媒体"一词来自英文 New Media 的直接翻译，是一个相对的概念。相对于传统媒体而言，新媒体是报刊、广播、电视等传统媒体之后发展起来的新的媒体形态，包括网络媒体、手机媒体、数字电视和数字报纸杂志等。

新媒体亦是一个宽泛的概念，是利用数字技术、网络技术，通过互联网、宽带局域网、无线通信网和卫星等渠道，以及计算机、手机、数字电视机等终端，向用户提供信息和娱乐服务的传播形态和媒体形态。可以理解为新媒体是一种环境，涵盖了所有数字化的媒体形式。

严格地说，新媒体应该称为数字化新媒体。

在日常生活中，常见的新媒体有：微信、微博、QQ、知乎、豆瓣、博客、播客、今日头条、直播、手机 App 客户端和移动网络电视等，图 1-1 所示为常见新媒体分类图。

图 1-1 常见新媒体分类图

与传统媒体相比，新媒体能消解传统媒体（电视、广播、报纸）之间的边界，消解国家和国家之间、社群之间和产业之间的边界；消解信息发送者与接受者之间的边界。新媒体可以与受众真正地建立关系，同时还具有交互性和跨时空的特点，新媒体给媒体行业带来了许多新的理念和模式，专业化越来越强，使卖方市场逐渐转向买方市场。新媒体近乎于零成本的信息发布，免费服务于受众者，这对传统媒体的新闻制作造成挑战。

案例 **伦敦地铁爆炸案为个案提出了新媒体的多媒体整合态势**

爆炸发生后，市民使用手机拍摄照片，在博客上以近乎于图片直播的方式报道了这场灾难的现场。这些照片很快流入各大电视网的新闻头条。在这次报道中，手机、博客、互联网以及播客密切配合，将第一时间、第一现场权利牢牢抓在手中，新的媒体形式和媒体工具的结合，显示出了巨大的威力。

（1）新媒体具有隐蔽性。新媒体的形式隐藏于日常环境的各种空间、物体中，它最低限度地减少了与受众的抵触性，让广告同娱乐结合得更为紧密。

（2）新媒体具有分众性，可以更有效地针对产品的消费群。一些新媒体属于主流媒体，信息传播率高，所以它能够很好地找到每个人的空闲时间，通过这些碎片时间，获得传统媒体难以获取的营销环境。

（3）新媒体具有高科技性，新媒体的高科性使其具有鲜明的时代个性和广泛的应用性，无论在任何场所，新媒体都能产生更好的视觉效果，使受众获得生动性和真实感。

1.2　新媒体的特征

报纸是基于印刷术而出现的纸质媒体，广播是基于无线电传播技术发明的声音媒体，电视是在电信通信和卫星传播技术基础上发明出的电视媒体，新媒体则是在网络技术和智能终端基础上出现的一种新兴媒体。同报纸、广播和电视等传统的大众传媒相比，新媒体具有其独特的传播特性。主要表现为以下几方面。

1. 传播主体多元化

大众传播时代，报纸、广播、电视等传统大众媒体作为主流的信息传播媒介，受众使用它们的机会和可能性较小，通常是以受众的身份单向地接受信息，大众传媒以传播者的形态自居。然而，新媒体的出现打破了这种局面，用户不仅可以在社交网络上获取各种新闻消息，还可以在社交应用上发表自己的观点、想法，分享自己的所得感悟。例如，微博用户可以通过关注社会热点等了解时下的热门话题，如图 1-2 所示。

新媒体改变了受众单一的信息接受角色，成为传播者和接受者双重身份，这使得传播者的形态从传统大众传媒走入寻常百姓家，传播主体变得更加多元化。

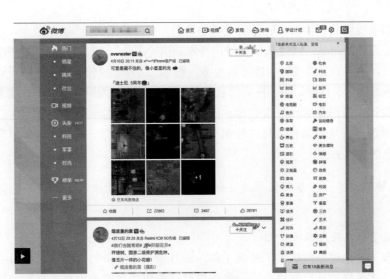

图 1-2 新浪微博

2. 及时互动和共享信息

伴随着新兴媒介技术的推陈出新，用户获取和传播信息变得更加便利。一方面，用户不仅可以用智能手机或者平板电脑等智能终端在微博、微信等新媒体上快速获取各类新闻信息，提高自己对社会环境的认知；另一方面，用户通过这个新兴的社交网络，还可以直接对新闻信息发表个人的观点和评价，参与到事件的讨论当中，行使公民的言论权利，而不再是传统大众传媒环境下单向的信息接受者，而这也是新媒体最大的特色。

3. 即时、实时、全时传播

新媒体以网络技术、数字技术及移动通信技术为依托，通过社交网络将亿万用户连接起来，使信息获取和传播更加快速便捷。通过新媒体，不仅用户可以随时随地获取信息，了解社会热点，同时，新兴的移动社交应用——微博、微信、短视频等媒介还可以将用户分享的内容第一时间发布出去，让信息直达受众，打破了传统媒体在时间上的限制，真正实现了麦克卢汉预言的"地球村"。

4. 个性化信息服务

传统大众传媒环境下，受众往往是匿名的、广泛的群体，传统媒体对受众进行单向度的"同质化传播"。传播节目内容试图涵盖所有受众，因而受众的个人需求并未得到有效满足。然而，在新媒体时代，信息内容多样化使得受众的细分化趋势加深，受众的地位与个性凸显。新媒体能够为不同的受众群体提供多样化的内容，受众可以自主选择内容和服务。与此同此，网络市场上的公司、服务商也开始进一步对受众进行细分，向不同属性的群体分别提供不同的个性化产品和服务，为受众异质化传播提供了可能，提高了传播的专业性、精准度和有效性。在受众主导传播的局面下，受众有更大的选择权、更高的自由度，新媒体更加注重用户的个性化体验，有利于满足受众的需求。

诚如美国西北大学媒介研究所学者詹姆斯·韦伯特所言，"媒介融合，不是强调技术，不是强调产品，而是强调对用户特定需求的满足"。新媒体融合了传统媒体的很多优点，能够为受众提供个性化的服务。通常，这种个性化体现在细节设计之中。当前，包括微博、抖音、快手在内的社交网络媒体都可以为用户提供个性化的服务，如主页设计、页面排版、好友管理、图片视频分享等。对于用户而言，他们不仅拥有信息的选择权，还拥有信息的控制权，可以按照自己的个性方式创作信息内容，改变信息的传播方式。

课堂讨论：了解新媒体的个性化信息服务后，你能说出几种个性化信息服务吗？

5. 海量信息及内容碎片化

新媒体的出现不仅扩大了传播主体，而且带来了海量的传播信息。每个人都可以使用各式各样的社交网络分享内容，信息的表现在形式上也更为丰富多样，新媒体能够集文字、图片、音频、视频和动画等多种表现形式于一体，带给用户更加震撼的视听享受。

新媒体时代，网络应用大致经历了由 BBS 到博客，由 QQ 空间到人人，由微博、微信到抖音、快手的转变。受到社交网络演变的影响，人们在网络上发布的内容长度逐渐降低，信息呈现碎片化的特点，进而产生信息缺乏深度、逻辑性等问题，影响着新媒体时代受众阅读习惯的养成。信息内容的碎片化折射出当下现代人生活的压力及其导致的媒介内容的浅薄化、娱乐化问题的出现。再加上传播主体的多元化、传播权利的全民化，新媒体平台中各种各样的信息更是趋于海量化，呈现出碎片化信息爆炸的状态。

1.3 新媒体的发展历程

新媒体究竟"新"在哪里，首先要有变化革新的一面，服务于运营领域，其革新分为三个部分：形式上革新、技术上革新和理念上革新。而单纯形式上与技术上的革新只能称之为改良，不足以证明其为新媒体，只有理念上革新才是新媒体定义的核心内容。了解新媒体的发展历程，深刻理解其理念意义上真正的变革所包含的重要内容。

我国新媒体的发展历程可划分为"流量为王时代""粉丝经济时代""强关系性的品牌时代"三个阶段。

1.3.1 流量为王时代

2000 年左右，互联网刚刚兴起，各大门户网站快速涌现，人们获得信息变得简单快捷，众多线下资源被搬到线上，新的商机也随之而来。平台很机械地把资源堆积在自己的门户网站上供用户浏览，仅凭自身资源，就能引来流量，再凭借流量赚取商家广告费。那个时代，流量就是王道，得流量者得天下！

而用户与赚钱无关，互联网思维概念不存在，此阶段还停留在典型的传统思维，只是形式上开始的第一阶段的变革，这就是"流量为王时代"下的新媒体，此时的新媒体有一个特点：平台赚钱，用户不赚钱。

作为客户端的用户，只能通过服务器浏览别人的网站，搜索别人的信息，玩别人的游戏，发发邮件，除此之外没有自由，对于用户而言，那是一个"被动选择"的时代。

1.3.2　粉丝经济时代

在第一阶段中，平台为了争夺流量，从崇尚"内容为王"变成热衷于"渠道为王"，随后又提出"产品为王"等口号。然而，在媒体融合的实践中，运营效果并不明显。

第一阶段没过多久，因为资源类似、信息良莠不齐，再加上平台内植入的大量各类广告，用户体验下降，热度降低，即使前期注册人数多，但大多数用户开始"潜水"，没有预期回报，投资者不买账，平台想继续生存，必须要用户活跃起来，增加用户的使用频率和时长。

目前，大多数人观念中的新媒体还停留在"双微一抖"的概念中，即微博、微信和抖音。微博的出现，不仅改变着媒介传播的形态，使得"人人拿着麦克风，人人都可被关注，随时随地可发布"成为现实，也使社会运行更加公开透明，从而促进整个社会更加公平、公正、和谐有序。微博最大的魅力在于使用门槛低，传播速度快，它对第一代新媒体是一个挑战。

一个家庭主妇不需要懂得编程，也不需要懂得网站这些词汇，只通过一部手机，利用微博，就能随时随地让千百万人掌握她的手艺，而且她在灶台上的一招一式都清晰可见。让用户主动去创造和控制自己的信息，而不需要各大平台的服务器来参与其中，这时以个人为中心的新媒体从边缘走向主流，新媒体时代真正开始到来。

此阶段也可称为"分享时代"，是新媒体技术革新的时代，但在运营理念上还停留在用户信息的分享，以吸粉和留存为主，并无实质性的突破。理念革新的到来，是平台允许用户在分享信息的基础上，利益绑定，可以获得收益。让用户也能赚到钱，用户的活跃度才能算得上真正意义上的提升。

这就是"粉丝经济时代"下的新媒体，平台提供流量，无论用户还是商家，谁吸引的粉丝多，谁的广告费就高。这时候新媒体的特点是：平台赚钱，用户也赚钱，平台与用户之间的利益逐渐形成稳定状态。

1.3.3　强关系性的品牌时代

在"粉丝经济时代"，赚钱的那部分用户对平台的依赖性非常强，如果有一天微信、抖音没有了,辛苦经营的粉丝也将会随之消失。即使换一家平台,也很难保证粉丝的同步转移量,平台的稳定与长久,似乎成为锁定用户的重中之重。

实力明星与口碑好的品牌真正做到了多平台无缝转接,无论微博里的明星,在抖音里刚发一个视频,还是大家喜爱信任的品牌进入直播间被主播带货,粉丝瞬间可以达到上百万。这就是个人或厂家品牌与粉丝间强关系性的结果,明星的粉丝是因为喜欢这个人才到平台关注,而不是因为喜欢平台才关注博主,这里有本质的区别。喜欢博主,用户不会因为平台的改变而改变;而喜欢平台,却可以因为平台的改变而抛弃博主。

在新媒体的第三个阶段,平台的职能从前端走到后端,其特点是:市场更加注重用户运营、社群运营、品牌打造等,只有在关系的建立和喜欢与信任的基础上,才能在新媒体新时代到来之时,稳步向前。

1.4　新媒体媒介形态演变

不同于媒体,媒介是传播信息符号的物质载体,凡是能使人与人、人与事物或事物与事物之间产生联系,或发生关系的物质都是广义的媒介,其形态的演变,实质则是技术演进的结果,是新兴媒介特有形态的必然变量。

每一种媒介形态的演变,都带动了一个新时代的到来,改变生活的同时,也塑造着人们新的思想与行为。在新媒体环境下,人们需要重新认识媒介,需要认识媒介背后的关系,关注信息传播背后的关系传播。新媒体在我国发展的演变可以分为门户媒体时代、社交媒体时代和智能媒体时代三个阶段。

1. 门户媒体时代

在这个时代,新媒体主要是指以企业等组织机构为主的门户网站,社交网络还没有真正成型。其主要表现业态是以新浪、网易和搜狐等商业网站为代表的门户网站,以及传统媒体创办的人民网、新华网和凤凰网等各级新闻门户网站。

这时的新媒体从网站到用户是单向行为,也就是说网络是信息提供者,用户是信息汲取者。这一时期的新媒体在本质上是对大量复杂的网络信息的聚合搜索。由于信息量剧增,用户需要快速、精准地获取信息,大型门户网站和搜索引擎恰好满足了用户的这种需求,帮助用户在众多信息中检索、诠释和分析。

这一时期新媒体的核心竞争力就是对于"微内容"的有效聚合与使用,即通过有效的搜索工具,把原本分散的价值聚合起来,形成强大的话语力量和丰富的价值表达。然而,以门户网站为代表的新媒体业态只能阅读,不能与它交流,也不能跟其他用户分享。它们只能解决个人对信息的获取需求,难以满足人与人之间沟通、互动的需求。

2. 社交媒体时代

随着互联网技术的发展,手机用户大幅增加,互动性和及时性更强的社交媒体成为新媒体的主体。新浪微博的正式启动、微信 App 的上线，标志着新媒体正式进入社交媒体时代。

在社交媒体时代，新媒体的表现形态转换为以个人为主体的社会关联，用户行为更强调人与人之间的连接。"关系为王"逐渐取代了"内容为王"，需求的层次从信息上升到了人，人与人之间信息交流突破时空的界限，个人信息传播能量不断扩张，个人与群体之间通过网络建立起各式的关联，网络社会的属性更加清晰。

社交媒体更注重用户的交互。以个性化、去中心化和信息自主权为其主要特征，给用户极大的自主权。个人不再是互联网信息被动的接受者，而是作为一个参与者参与到互联网的发展之中。用户既是社交媒体的消费者，也是内容的制造者。

3. 智能媒体时代

随着互联网技术和移动终端的不断发展，移动互联、大数据、5G 和人工智能等新科技开始广泛应用，新媒体逐渐进入智能媒体时代。例如，共享 App、无人驾驶等技术的广泛使用，它们对市场的影响力巨大，已经成为智能媒体的领军产品。

智能媒体时代实现了人和网络、网络和人的沟通，智能媒体能够精准地了解用户的需求，知道用户有什么、要什么和做什么，在技术上进行资源筛选、智能匹配，为用户提供有针对性的服务。

从本质上讲，智能媒体体现了深度参与、生命体验以及网民参与的价值，主要体现在以下三个方面。

（1）互联网内容的聚合更自由和高效。智能媒体把用户与社会联系起来，实现了互联网内容的高度聚合。

（2）互联网服务更具普适性。依托智能媒介平台，网络服务能够与各类用户终端兼容，包括计算机、手机、平板电脑、智能电视和智慧家居等，不同终端的用户群体通过互联网分享数据。

（3）个性化定制用户体验。智能媒体对用户创作的内容进行筛选，通过偏好信息处理与个性化引擎技术，对用户的各种操作以及不同要求进行数据挖掘，帮助用户快速、准确地找到所需要的信息内容，更好地满足用户浏览的需要。

门户媒体时代的新媒体是信息提供者，是单向性的提供和单向性理解；社交媒体时代的新媒体是平台，用户提供信息，其他用户获取信息；智能媒体时代的新媒体是用户需求的理解者和提供者，通过个性化的信息定制精准满足用户需求。

1.5　新媒体未来发展趋势

时至今日，新媒体的发展日渐成熟。随着大数据、移动互联网、人工智能、量子信息、虚拟现实和 5G 等技术的发展，以及经济社会发展强烈需求的共同驱动下，基于传统媒体与新兴媒体融合发展成为大趋势，将出现以用户为导向，以数字创意为基础，以互联网为主导，以计算机信息为驱动的新型媒介和新型媒介组织。

新媒体未来的发展可以从以下六个方面进行分析。

1.5.1　内容衍生

优质内容的需求仍然很大。一方面，传统媒体转型困难，难以提供足够的优质内容；另一方面，自媒体海量的内容整体上显得量多质低。因此，新媒体必须想方设法发掘更多的优质内容，通过加大投入来发掘、购买和聚合更多的优质内容。随着互联网技术的发展，内容不再是孤立的，将成为连接器，衍生出"内容+x"的产业链，互联网企业也会把内容作为重要入口来实现其社会价值和商业价值。

1.5.2　媒介融合

媒介融合将向纵深推进，新兴媒体和自媒体通过技术融合、市场融合、制度融合和文化融合等方式与传统主流媒体结合，促进共同发展。媒体产业并购使媒介融合形式更加多样化，给媒介运营带来新的机遇。媒介之间跨媒体、跨地区融合，以及媒介产业和其他产业的多元化融合，可以使媒介组织结构与工作流程发生巨大变化，从而大大增强媒介的实力和影响力。新媒体有着良好的发展前景和巨大潜力，不论是从经济、政治还是文化方面，都是大势所趋，新旧媒介融合的变动状态日新月异。

1.5.3　科技创新

创新一直是新媒体发展的动力，但是，这些年的创新主要是商业创新，一直都在寻找合适的商业模式。我国新媒体发展将会更注重科技创新及其应用。可以预见，在 5G 和人工智能的驱动下，将会催生出更多新的传播形态、更加多元的媒介生态、更加多样的传媒业态。而科技与商业、政府与民间的结合让创新动力更强。

1.5.4　政府管治

在未来，我国政府将为继续加大互联网治理的力度，新媒体管治只会加强不会减弱。越来越规范的管理，越来越严苛的整治，将会打击互联网上的"脏、乱、差"，通过查处黑产业、黑公关等，让我国新媒体逐步走上健康发展的道路。与此同时，我国网民素质的不断提高，互联网的纠错功能和网络舆论监督力量越发强大，也会促进新媒体发展的良性循环。

1.5.5　自媒体

在互联网这个时代，人人都是自媒体。尽管自媒体存在不少问题，需要加强管理、整治和引导，但自媒体本身拥有的自由、平等、民主仍会形成强大的内生力。大多数自媒体作为独立存在的个体将会是满天繁星，在不同的天空中闪烁着各自的光芒；

自媒体揭露的明星阴阳合同、假疫苗和伪保健等社会毒瘤，彰显它的存在价值；茁壮成长的自媒体也会成为新兴媒体和新型媒体的有力补充。

1.5.6　产业发展

在未来的发展中，我国新媒体产业将会呈现多方面的发展。一方面，企业巨头的垄断格局有望被打破，今日头条等新型主流媒体将会在新媒体产业中占有一席之地；另一方面，社交媒体也会在各个垂直领域深耕，规模经济与范围经济并举，竞争也会从线上延伸到线下。新媒体产业发展必然受到国家政策的深刻影响，一方面，在"一带一路"倡议的引领下走出国门，另一方面，也会受到西方文化的冲击。

1.6　新媒体运营渠道

新媒体运营的渠道有很多，目前，主流运营渠道有短视频 / 直播平台、微信平台和微博平台。

1. 短视频平台

短视频平台是目前新媒体运营的主要渠道之一，如图 1-3 所示。短视频往往带着社交属性、低创作门槛、碎片化的标签，形成"观看→创作→传播→观看"的闭环，即人人都可以是观看者，也可以是创作者，更是传播节点。

图 1-3　短视频平台

对于短视频平台，相对较低的内容成本、带宽成本、获客成本却带回了用户流量、用户黏性、商业变现的高回报；同时，短视频形成的庞大用户规模为各产品冷启动和引流，是支撑平台进行各向发展的基石。

2. 直播平台

相比于短视频的内容价值，在直播模块中观看者更看重主播的个人价值；同时，视频直播既承载了大量丰富的信息价值，又给观众营造了与主播"面对面"互动聊天、实时互动的氛围；直播是建立主播与粉丝之间深度信任的桥梁，巩固私域流量，并通过粉丝打赏实现盈利。

平台通过直播间为用户形成社区氛围，提高用户黏性；同时，直播打赏也成为平台重要的盈利模式之一。

3. 微信平台

微信活跃用户6亿，巨大的用户群体就像一座巨大的富矿，引来众多淘金者。具体而言，在微信平台上，企业常用的新媒体工具和资源包括：微信公众平台、微信个人号、微信群、微信小程序和企业微信功能。图1-4所示为微信启动图标。

图1-4 微信启动图标

很多知名企业，如星巴克、凡客诚品等，很早就开始试水微信运营，包括后来的网络红人、网络自媒体等都在微信运营领域大放异彩。

4. 微博平台

近两年，有观点认为微博活跃度下降了，"周边的好多人都玩微信，都不怎么玩微博了"，这不过是假象。一方面，微博和微信本就不同，微博是社交媒体，微信是社交即时通信软件。另一方面，持微博活跃度下降观点的人，忽略了中国互联网的分层和渗透速度。根据微博财报，自上市以来，微博活跃用户连续9个季度保持30%以上的增长。微博和微信各有其优劣势。

具体而言，在微博平台上，企业常用的新媒体工具和资源包括：微博企业自媒体和微博广告资源。

除了以上4种运营渠道以外，还有视频平台、电商平台、问答平台和百科平台等多种运营渠道。由于运营占比都不高，此处就不再讲解。

1.7 新媒体用户消费心理

一名优秀的新媒体运营者应当了解目标用户群体的心理特点。这些用户群体的小心思里潜藏着商机，也包裹着风险。一旦不能如意，他们就会暴跳如雷。为此，运营者应当注意以下新媒体用户常有的11种消费心理。

1. 求实心理——追求产品的实用价值

新媒体用户虽然活跃在虚拟的网络世界，但是依然高度重视产品和服务的实用价值。他们喜欢在新媒体平台上分享自己的产品使用经验（这也成为常见的直播节目），寻找具有实用性的原创科普文章。

2. 求美心理——追求产品的欣赏价值和艺术美感

用户在选购产品时倾向于造型、色彩和制作工艺精美的产品，甚至会购买那些实用性不强且价格不菲的精美产品。

3. 求新心理——追求产品的新奇和时尚

新媒体用户往往热衷于使用时髦而新潮的产品。如果产品缺乏流行元素，他们就不会有兴趣了解产品的相关信息。

4. 求利心理——希望提高产品的性价比

大多数用户都喜欢物美价廉的东西。如果产品的价格超出了承受范围，用户就会觉得不够划算，从而减少消费。新媒体运营者常用的免费服务就是利用了这种心理。

5. 求名心理——通过买名牌产品来获得荣耀感

这种消费心理以"面子"为导向，买的不是实用价值、艺术价值与性价比，而是品牌知名度。这类用户喜欢炫耀性消费，往往会不惜代价地抢购一些限量特供的名牌产品，用来彰显自己的社会地位。

6. 从众心理——害怕自己落后于大众潮流

拥有这种消费心理的用户并不清楚自己真正需要什么东西。但他们看到别人追捧某种产品时会跟风采购，也不在乎自己是否用得上这些产品。他们之所以要从众消费，是因为害怕被别人看作是落后于潮流的异类。

7. 偏好心理——为满足个人兴趣爱好而消费

有的用户推崇个性化消费模式。无论产品是流行时尚还是复古老旧，无论是小众产品还是大众产品，只要自己喜欢就愿意掏钱。他们买东西通常具有明确的方向，而且是经常性、持续性的消费，非常认品牌。

8. 自尊心理——通过消费来满足个人的自尊心

用户做购买决定时不光看产品的情况，销售员的服务态度也是一个重要的参考因素。假如销售员服务热情周到，哪怕产品的性价比不是特别理想，用户也可能抱着奖励用心服务的销售员的心态做出购买决定。反之，销售员对用户爱搭不理甚至态度恶劣时，用户就会觉得自己的尊严受到了伤害，产品再好再划算也不会买，回头还要给商家打个差评。

9. 疑虑心理——担心被电商或媒体欺骗

所有的用户都不希望自己买错东西。所以，很多人在购物的过程中会对产品的质量、性能、造型等方面反复挑选。这不只是为了砍价，主要是因为用户怕吃亏上当。

10. 安全心理——担心产品存在安全隐患

用户肯定不想买一个存在安全隐患的产品。为了确保自己买的不是危险品，用户会再三确认产品使用是否安全，尤其是从网上采购的产品。

11. 隐秘心理——不想让别人知道自己买了什么

有的用户不希望别人知道自己买了什么东西。因此，他们会挑选人少的时候迅速采购早已确定的目标产品，不会公开参与促销活动，但会私底下跟商家联系。

上述消费心理并不会完全集中在同一个人身上。一些人只有其中一种，另一些人则可能是混杂了好几种。新媒体运营者必须认真研究自己的目标用户群体，摸清他们最主要的几种消费心理，这样才能采取相应的部署。

1.8 新媒体用户的特征

在互联网没出现之前，报刊、电视和广播是用户生活中最常见的媒体，这三种媒体渠道中，电视占据 90% 以上的关注度。

新媒体的出现，改变了人们获取信息的方式，各种社交平台软件，铺天盖地向人们推送信息，人们生活在一个信息过剩的时代里。以电视为中心的"中心化媒体"迅速瓦解，人们开始改玩手机、平板电脑等移动设备，企业也开始投放新媒体广告。

1. 无限缩短的购买行为

相比传统媒体看了广告还要去超市购买，现在新媒体购物非常方便，动动手指就能买下。新媒体场景下更容易产生冲动的购物心理。比如直播时，看到主播说很好用，又发送了几张优惠券，就会立即刺激用户的消费行为。从获取广告到购买行为，这个过程被无限缩短。

2. 碎片化的广告传播

新媒体的广告传播是碎片化的，用户刷新一下可能就被忽略了，广告很难产生品牌效应，因为瞬息万变的新媒体，信息实在太多了，记住一个广告变得很难。

3. 透明的口碑

产品的口碑好坏会加速传播分享，用户只需要手动查一查，就能知道产品的所有评价，用户选择增多，品牌竞争大，忠诚度也慢慢下降。真正好的品牌经过分享发酵，会拥有自己的用户群体。

4. 群落性聚集

传统媒体阶段，一家人围着看电视，所有人看到的内容和广告都是一样的。而现在，每个人看到手机信息都是不一样的。每个平台聚集的受众是特定性的，年轻人更喜欢 B 站或者浏览淘宝，中年人则更喜欢抖音或者西瓜视频，那么，不同平台就形成不同年龄层、不同特征的用户群落。

由此可以总结出新媒体用户的特点。

- 新媒体用户更快做消费决断，也会更快地抛弃一个品牌；
- 信息过载的手机新媒体时代，品牌更透明，传播更碎片，而用户注意力也更分散；
- 用户可以对不同的品牌产生冲动消费，但是培养用户对某品牌的忠诚度变得更难。

传统媒体时代，广告在电视媒体播放，形成观众记忆，注重的是广告的"播"。手机新媒体时代，广告在各类 App 上投放，在被分享被转发的过程中，用户价值的裂变在于广告的"传"。

1.9　传统媒体与新媒体用户特征案例分析

掌握了新媒体用户的特征后，下面通过分析案例，比较传统媒体用户与新媒体用户的特征，加深对新媒体用户特征的理解。

1.9.1　案例一：宁波 PX（对二甲苯）项目

宁波 PX 项目发生于 2012 年，事件起因是宁波镇海人们集体上访，反对镇海准备扩建的 PX 化工项目。该事件是受到"邻避情结"影响出现的大规模集群行为，引发了舆论高潮。集合行为是指不受现有社会规范控制的人数众多的自发的无组织行为。其产生原因是结构性压力、触发性事件，以及非常态传播机制的活跃等。而生态群体事件则是因为环境诉求引起的群体冲突事件。群体性事件中的种种极端行为均是群体极化的一种表现。在互联网时代，线下的群体事件多由线上引发，更多表现为网络群体事件，并由网民高涨的舆论得以体现。在历次的群体事件中，传统媒体和新媒体根据自身媒介形态的特点，以不同方式对群体事件做出第一时间的报道和跟进，但仍有瑕疵。笔者将对各自报道的表现进行评析。

1. 传统媒体的表现

（1）主流媒体第一时间介入现场，抢占话语先机。

对于群体性事件，我国主流的纸媒、电视台第一时间派出专业人员进行现场采访调查，呈现真实情况给受众，保障了新闻的真实性、新鲜性，做到客观专业。满足了受众对于重大事件的信息需求，有效地进行了舆论导向。对政府进行了有效监督。

（2）传统媒体开办的新媒体账号，成为群体事件新闻报道的主要渠道。

一些转型后的传统媒体，利用新媒体的受众优势和渠道优势，通过"两微一端"还原事件真相，发布权威信息，加强了政府与公众的沟通信任。

（3）在个别群体事件中，受到外力限制，传统媒体集体"失语"。

由于官方消息的封锁，传统媒体记者没能走访深入调研，选择等待政府发声，采用政府通稿，使得报道中的意识形态倾向明显。导致事件真相无法还原，谣言滋生。

（4）传统媒体的属性议程设置功能凸显，倾向于报道群体事件中的正能量，而对受众关心的事缺少报道。

2. 新媒体的表现

（1）由于新媒体传播速度快，信息海量，具有平民化、互动性、广泛性等特点，其在群体事件的报道和推进中的作用不可小觑。

首先，传播主体多元化促进事件的全方位展现，PGC（专业生产内容）和 UGC（用户生产内容）的结合使得新闻较为客观全面。其次，由于新媒体新闻能够 24 小时不断更新，海量新闻被快速呈现。

（2）自媒体利用人际传播渠道优势凸显，意见领袖活跃。

一些微信、微博大号利用自身广泛的用户基础进行报道和评论，使得新闻通过人际传播迅速在人群中发散，一些意见领袖不断跟进发声，引导了公众舆论。

（3）自媒体从业人员专业素养参差不齐，缺乏对事件的正确判断，造成错误舆论导向。

由于自媒体人员缺乏专业知识，对于一些新闻事件可能发生错误解读，并且一些文章具有娱乐、煽情的偏向，容易激化社会矛盾。例如，在 PX 事件中，媒体缺少对于 PX 危害性的正确解读，致使公众误以为其具有极大危害性。同时，自媒体的情绪化报道可能引发媒介审判。

1.9.2　案例二：国内某 5A 级景区的营销活动

国内某 5A 级景区位于古都西安，是中国第一个全方位展示盛唐风貌的大型皇家园林式文化主题公园。早在历史上，该地就是久负盛名的皇家御苑。园区以"走进历史、感受人文、体验生活"为背景，展示了大唐盛世的灿烂文明。

针对该景区的营销工作，传统媒体和新媒体根据自身媒介形态的特点，呈现出不同的营销态势。

1. 传统媒体营销

该景区开业之初，印刷制作了园区信息的手册与光盘，方便游客索取与购买，并出版相关书籍，详细介绍景区；2007 年，该景区投资并拍摄同名电视连续剧，并登陆电视台首播，极大地提高了园区知名度。

多年来，该景区利用国内专业传媒机构，组成品牌营销团队，积极参加各类旅游博览会和推介会；与媒体联合举办了各类慰问演出、接待访问、论坛峰会等活动，达到营销宣传的目的。除此之外，该景区还采用印刷品、电视广告、电台广告、路牌广告、网站广告等广告形式开展宣传。

（1）采用传统媒体营销，将会存在信息滞后的问题。一方面，表现为宣传资料的不完善；另一方面，宣传的内容也会存在一定的偏差。由此会产生诸多问题，例如，游客所获得信息与实际信息不对称，从而出现不满意现象。

（2）在传统媒体上进行广告投放，一则需要考虑市场距离情况，二则需要顾及游客可接受的范围。鉴于上述两点，传统媒体实际投放效果受到多方面限制。除此之外，在传统媒体上开展营销活动，费用较高，假如进行长期不间断宣传更是价格不菲，并不适合该类主题公园。

（3）该景区经常借助热点事件及人物举办主题活动，传统媒体如电视、广播等可进行现场直播，但是互动性较差，游客参与度不高，无法形成一个广泛讨论的平台，传播效果有待提升。

2. 新媒体营销

该景区从新媒体角度出发，采用了诸多新媒体营销的方法。

首先，采用搜索引擎营销，主要实现三个目标：被搜索引擎收录、排名靠前、点击转化率高。其次，开展官网营销，网站内容分为"网上游园""精彩活动""演出节目""仿唐盛宴""芳林苑"五大板块。再者，景区在网络平台投放广告，包括长视频以及短视频，内容涉及景区相关演艺活动、宣传片等内容。最后，该景区充分利用微平台开展营销活动，开通了官方新浪微博、微信公众号等，用户可以在评论区进行互动。

（1）该景区新媒体营销相对于传统的媒体，能让消费者的互动性更强。新媒体的传播能让口碑传播形成不断向下扩散形态，这种传播方式更加迅速，传播面积更为广大。

（2）新媒体营销比传统媒体更能满足不同客户的需求。新媒体营销能照顾到客户的差异化给消费者提供个性化的需求，这是传统媒体所不能够达到的。

（3）新媒体能够提供免费的营销平台，比传统媒体更节省成本。新媒体中有很多的免费资源可以利用，只要有创意，用户觉得很有趣很感兴趣就会免费传播相关信息。

1.10　本章小结

本章通过讲述新媒体的相关内容，帮助读者了解新媒体的概念、新媒体的特征、新媒体的发展历程、新媒体媒介形态演变、新媒体未来发展趋势和新媒体运营渠道的内容，同时分析了新媒体用户消费心理和新媒体用户的特征，为读者进一步学习新媒体用户运营打下基础。

第2章　新媒体用户需求分析

"使用与满足理论"告诉我们：用户接触媒介是有其特殊目的和动机的，人们通过使用媒介从而获得某种满足。媒介不过是人们满足其需要的工具。对于这一理论，传播学大师施拉姆还有一个十分经典的比喻：用户使用媒介就如同到自助餐厅就餐，吃什么、吃多少都由用户的口味和食欲决定。作为媒介，不可能强迫用户接受自己单方面传送的信息，而只能尽可能地满足用户的需求。

本章从用户需求出发，探索了解新媒体用户需求分析的相关内容。

2.1　用户与用户需求

有关数据表明，只有不到 1% 的互联网产品，抓住了精准用户的真实需求，绝大部分产品是为了互联网而做，为了产品而做，唯独不是为了用户而做。要想抓住用户的需求，首先要理解什么是用户。

2.1.1　正确理解用户

不管是一个网站，还是一个 App，或者一个公众号，都不可能满足所有用户的需求，为了让产品获得成功，需要通过用户分析找到产品直接精准用户。

目前，大部分互联网产品都是从年轻人中开始使用和传播的，他们是互联网的重度用户，年轻群体的特征就是爱尝鲜、活跃、喜欢分享和传播，特别是"90后""00后"，他们是众多互联网产品的核心用户。

比如现在火爆的线上知识付费产品，"90后"就是重度核心用户，他们一般都初进职场，学习成长需求极大，急需教育消费升级，喜欢接受线上培训课基础。

核心用户是指从大范围缩小到目标用户再进一步缩小到高频使用的典型用户。"80后""85后""90后"和"95后"群体，对于移动互联网的认知和使用频次有很大区别。那么，谁才是产品的精准用户呢？经验告诉我们，大部分互联网产品都会将用户定位到一个特征：年轻人。

通过用户描述的不同维度，对用户进行分级，从而确定到底谁是核心用户。

一般可以将用户分为普通用户、目标用户和粉丝用户三个层级，如图 2-1 所示。

图 2-1 用户的三个层级

1. 普通用户

理论上有需求使用产品的人，比如某些绘画公众号中的关注者，很多不是从事绘画工作的，未来也不打算以绘画为职业，他们只是对绘画感兴趣，想学习更多专业知识技能，完善职场技能成长的知识结构。

2. 目标用户

在普通用户中有需求使用的，并且是产品希望服务和获取的用户。

仍然以绘画公众号关注者举例，一方面，正在从事绘画学习的学生，需要学习更多绘画专业知识，就是产品的主要目标客户；另一方面，公众号是专业知识自媒体，也吸引了很多绘画从业者在关注。公众号中除了输出原创的专业干货外，也会在文章里推荐一些不错的付费课程，满足用户更好的学习成长需求。

3. 粉丝用户

粉丝是指频繁使用产品，并且成为忠实用户的人，在公众号中也有这样的用户，他们可能是客户，也可能会买推荐的课程，信任度高，高黏性，愿意为公众号做主动传播。真正的粉丝用户，从来都是无论何时都支持产品，希望产品能成功，任何一个品牌的产品，都要找到自己的粉丝用户，这是成功的开始。

将用户依据"使用频率""强度""信任度""行动"进行分级，才能知道用户是谁，才能了解不同层级用户的真实需求，才能更好地设计产品提供服务，为后续的产品设计和运营打好基础。

分析出用户层级后，如何进行权衡和取舍呢？

普通用户和目标用户的需求，就是大需求，粉丝用户的需求是特殊的大需求。通常要先满足普通用户和目标用户的大需求，也就是基础需求，然后再满足粉丝用户的大需求。不断地满足大需求，突出产品的竞争力。

产品的竞争力和差异化，并不是把普通用户的大需求做得多好，而是不断发现粉丝用户的大需求，最快最大化地满足这些需求。不是产品功能越多，竞争力就越强。只有不断强大需求主线的功能，产品才会更具优势。

反之，如果要超越竞争对手，不应该去比拼资源、技术和外观，而应该集中去对手还没有更好地满足用户需求的地方。

案例 唱歌App比KTV更能满足用户需求

很多用户都喜欢唱歌，还喜欢分享出来，但是KTV仅能唱给在场的人听。K歌达人App也可以满足用户唱歌的需求，但是却不能分享，无法满足用户炫耀的需求；唱吧App不仅能满足用户唱歌的基本需求，还能进行分享、点赞、关注和转变等互动操作，满足了用户唱歌的所有需求，所以该产品快速打开市场，火爆一时。

从行动到认知，就是一个内容付费领域的升级与进化，也是目标客户和粉丝客户需求的更深层次满足。值得注意的是，这里说到了一个关于用户需求的关键词：更。

这个词包含了很多秘密，用户订外卖，喜欢更快、更便宜、更好吃的美食；用户看视频，喜欢更快、更流畅、更丰富的片源；用户购物，喜欢更好、更优惠、更高品质的产品。不难看出，"更"字隐含了用户痛点，也是用户的真实需求关键因素，也就是用户选择的理由。

用户需求，除了基础功能的满足，除了"更"背后的秘密，还有一个关键词：体验。优化用户体验有如下4个标准。

（1）若有若无，一切让用户自己做主；

（2）简单、简单、再简单，别让用户思考；

（3）尊重用户，让用户感觉舒服，不要破坏用户的使用习惯；

（4）给用户惊喜，超出用户的预期。

产品只有在持续满足用户的大需求，获得用户的好感和信任，才能形成稳定的竞争力。

2.1.2 什么是用户需求

用户需求，简而言之，就是用户需要的东西。用户需求对于互联网产品来说非常重要，关系到产品甚至公司的生死存亡。在互联网疯狂发展之前，任何商家和服务商都占有主动权，他们提供给用户什么产品，用户就使用什么产品。而在互联网世界中不同，谁能更好地满足用户需求，提供更好的用户体验，谁才能获得用户，否则就会被淘汰。

了解用户的需求是什么并不是一件简单的事儿。先不说不同用户间存在巨大的差异，导致每个人的需求都不同，单是用户对需求的理解和表达就千差万别。

同样是听一首歌曲，有人要听周杰伦的，有人要听流行歌曲，有人要听新鲜的歌曲，还有人要听火爆的歌曲。

于是，问题来了，商家想知道的是用户需求，但是用户表达出来的往往是他们想要的功能，也就是常常说的伪需求。

所以，如何识别用户"真正的需求"并组织研发出相应的产品来满足他们，而并不是只是提供一个简单的功能，这些就成了一个产品经理需要绞尽脑汁思考的问题。

1. 什么是伪需求

伪需求出现的本质原因是手段比目的更加具象化，所以人类很容易把手段当成目的。例如，在石器时代，原始人肚子饿了，吃了树上的果子，然后就饱了。于是他们就有了一种认知，吃果子等于不饥饿。于是下次饿了就会再去找果子吃，而不会去思考自己的本质需求是果腹，其实还可以用其他手段实现，如种植、打猎、畜牧等。

通过上述例子可以看出，人们对于手段的把握远远优于表达一件事情的目的这件十分抽象的事情。所以，人们常常只能表达出自己的伪需求。正因为这个问题的存在，就需要另一些人调动人类更加高级的功能识别手段背后的目的，然后再看看有没有什么更好的手段来实现这个目的。

2. 如何区分需求与功能

既然用户想要的东西那么混乱，那么就需要理清思路，找到用户"真正的需求"。

正如前文所说，需求是目的，功能是手段。普通用户分不清其中的区别，有些人会把功能当作需求，从而产生很多伪需求，让产品经理大伤脑筋。

那么，该如何区分功能和需求呢？教大家一个简单的方法。

用户需求是自古就存在的（生理需求），只是满足需求的方式（功能）发生了变化。例如，吃饱饭这个需求的满足方式，从最初的摘果子、打猎、烤肉，进化成耕种、养殖，再进化成今天的外卖、生鲜。

基于这一点，我们可以得出这样的判断标准：如果原始人也需要，那就是真的需求；如果不需要，那就是伪需求。当然现代人的需求远远不止于基本需求，人们的追求也是一种需求。

2.2　马斯洛层次需求分析理论

马斯洛诞生于 1908 年，是美国著名的心理学家，如图 2-2 所示。他的主要成就是提出了人本主义心理学和马斯洛层次需求理论。

1943 年，马斯洛需求"金字塔"首次出现在美国的一份学术期刊上，如图 2-3 所示。这座周围被密密麻麻、术语丰富的文字包裹的"金字塔"自此成为心理分析、商业演示的主要内容。

图 2-2　马斯洛

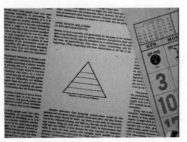

图 2-3　需求"金字塔"

2.2.1 马斯洛层次需求

马斯洛将人们的需求按照优先级，分为五个层级：生理需求、安全需求、社交需求、尊重需求和自我实现需求，如图 2-4 所示。

图 2-4 马斯洛层次需求

1. 生理需求

生理需求即满足人们生存和生活的日常基础所需，如吃、穿、住、用、行等。比如基于美食的大众点评 App，交通指南的百度公交 App，提供生活综合服务的 58 同城 App，都在为人们的生活提供便捷。满足人们基本生理需求的产品，通常都不温不火，几乎没有什么可以炒作的话题。

2. 安全需求

这类需求通常有对健康的担心、对贫困的恐惧、对无知的忧心，都是缺乏安全感的表现，在安全感匮乏的同时，内心驱动促使满足获取安全感的需求。

例如，由于对贫困的恐惧，则产生理财相关的需求，希望快速地以钱生钱的方式，达到富足的目的。因此，各类投资理财 App 层出不穷。

3. 社交需求

社交包括友情、爱情、亲情等多个层次。也可以分为熟人社交、陌生人社交等。当然两者也可以相互转化。交流和沟通，是人类永恒的主题。

4. 尊重需求

每个人都有被尊重的需求，都希望展现自己，获得人们认可。这也更多地体现在社交过程之中。每个人的尊重与被尊重都存在于社交网络的交流互动之中。所以，尊重需求可以深度体现在社交需求之中。

5. 自我实现需求

这是最高层级的需求。在这一层级，人们对自己的表现或者获取的成绩都已非常满意。一定程度上，炫耀也可以理解为自我实现的外在表现。

例如，将使用美图秀秀 App 美化处理后的照片发到朋友圈或者展示一些可以提升品位的场所或商品，都可以理解为自我实现需求的外在展示。

2.2.2 马斯洛层次需求与产品需求

马斯洛的上述层次需求与产品需求之间，存在如下规律。

1. 越靠近底层需求越是刚需

一款产品，最核心的是其解决的需求是否是刚需。所谓刚需，即刚性需求，需求是硬性的，是必需的；其对应的是弹性需求，只是在某些场景下才需要，是可选择的，是非必要的。

马斯洛最低层次的需求，是生理需求，如生活类的吃、穿、住、用、行，即为刚需。其上一层次的安全需求，安全感缺失，也都是普遍存在的。而越往上，则变得越来越不必要，如自我实现，变得可有可无，变得因人而异，变得有选择性，不再是所有人的必须。

2. 越靠近底层需求越工具化

几乎越是底层的东西，越是平淡无奇，使用起来越是不温不火。比如与美食、租房、公交等相关的 App，只有在需要的时候才会使用，已经成为一种工具。而其他基于新鲜感的需求，则在使用高峰时蜂拥而来；使用低谷时，则门可罗雀。最后的归宿则可能就是不了了之。由此可见，基于底层的工具类需求，黏性未必最高，但一定是生存最久的。

3. 越靠近高层需求，则新鲜感驱动越明显

新鲜感驱动的东西，比较容易扩散和裂变。可以在非常短的时间内，获取巨大的用户基数；但是很难形成强有力的黏性，用户的留存根本无法保证。很多都是昙花一现。基于新鲜感的需求而形成的产品，如何将引来的用户留存，才是未来持续稳定生存下去的关键。

一个优秀的产品，一定是深谙人性，并且能够持续稳定地产生用户黏性的产品。不管是满足底层需求的工具类产品还是满足自我实现炫耀需求的产品，最本质的都需要结合一定的社交属性，形成强有力的用户黏性。并且基于用户需求的场景化，来满足用户核心本质的需求。

2.3 KANO 模型分析理论

KANO（卡诺）模型是由日本东京理工大学教授狩野纪昭提出的，主要用于用户需求分类和重要程度排序。通过分析用户对产品功能的满意程度，来对产品的功能进行升级，从而确定产品实现过程中的优先级。

2.3.1 了解 KANO 模型

KANO 模型根据用户对功能的满意度，将功能划分为五个属性，即必备属性、期望属性、魅力属性，无差异属性和反向属性，如图 2-5 所示。

1. 必备属性

必备属性即必备需求，对于用户而言，这些需求是必须满足的，当不提供此需求，用户满意度会大幅降低，但优化此需求，用户满意度不会得到显著性的提升。对于这

类需求，是核心需求，也是产品必做的功能，企业的做法应该是注重不要在这些方面减分，需要企业不断地调查和了解用户需求，并通过合适的方法在产品中体现这些需求。

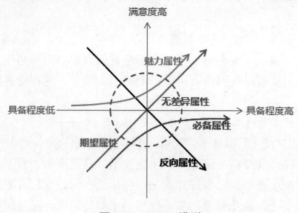

图 2-5　KANO 模型

2. 期望属性

期望属性即期望需求，当提供此需求，用户满意度会提升；当不提供此需求，用户满意度会降低。它是处于成长期的需求，是客户、竞争对手和企业自身都关注的需求，也是体现竞争能力的需求，对于这类需求，企业的做法应该是注重提高这方面的质量。

3. 魅力属性

魅力属性就是魅力需求，即用户意想不到的需求，需要挖掘/洞察，若不提供此需求，用户满意度不会降低；若提供此需求，用户满意度会有很大的提升。

当用户对一些产品没有明确的需求时，企业会提供给顾客一些完全出乎意料的产品属性或者服务行为，使用户产生惊喜，用户就会表现出非常满意，从而提高用户忠诚度。

4. 无差异属性

无差异属性就是无差异需求，即用户根本不在意的需求，对用户体验毫无影响。无论提供或者不提供此需求，用户满意度都不会改变，对于这类需求，企业的做法应该是尽量避免。

5. 反向属性

反向属性就是反向需求，即用户根本没有此需求，提供后用户满意度反而下降。

在做产品设计时，需要尽量避免无差异属性、反向属性，至少做好必备属性、期望属性，努力做好魅力属性。

以矿泉水为例，其必备需求是解渴，期望需求是补充水中的矿物质，魅力需求是知名品牌带来的满足感；无差异需求则例如矿泉水瓶身弧度，只要不是太过夸张，就对用户的体验没有影响；复杂且难以打开的瓶盖设计会为用户的使用带来困难，属于反向需求。

表 2-1 所示为五种属性的简单总结。

表 2-1 KANO 模型五种属性总结

属性类型	提供功能	没有提供功能
必备属性	理应如此，不会特别满意或开心	不喜欢、不满意，无法接受
期望属性	喜欢，感到满意、开心	不喜欢，感到不满，不开心
魅力属性	喜欢，感到满意、开心	无所谓，能接受
无差异属性	无所谓，能接受	无所谓，能接受
反向属性	不喜欢，感到不满、不开心	喜欢，感到满意、开心

2.3.2 KANO 模型的使用步骤

KANO 模型是一个典型的定性分析模型，一般不直接测量用户的满意度，常用于识别用户对产品新功能的接受度。模型实施的主要形式是通过问卷进行调研完成的，其使用步骤如图 2-6 所示。

图 2-6 KANO 模型的使用步骤

1. 问卷设计

KANO 模型调研的每个功能 / 需求都有正向和负向两个问题，正向测量的是用户在面对具备这项功能时的满意度，负向测量的是用户在面对不具备这项功能时的满意度。问卷中的问题答案一般采用五级选项，按照"喜欢""理应如此""无所谓""勉强接受""我不喜欢"进行评价。

• 正向问题

如果当您前往购物车进行结算时，提供购物车部分商品分开结算的功能，您认为：

A. 喜欢　B. 理应如此　C. 无所谓　D. 勉强接受　E. 我不喜欢

• 反向问题

如果当您前往购物车进行结算时，不提供部分商品分开结算的功能，需要整体结算购物车内商品，您认为：

A.喜欢　B.理应如此　C.无所谓　D.勉强接受　E.我不喜欢

还可以询问用户功能的重要程度，可以从 1～9 打分，从毫不重要到极其重要。

您认为购物车中部分商品可分开结算功能的重要程度是什么样的呢？

A.1　　　B.2　　　　　C.3　　　D.4　　　　　E.5　　…

2. 收集数据并处理

根据问题对用户进行问卷调查，筛除不合理的问卷，收集可用问卷。

在设计问卷时建议加上用户基础信息，方便在后续统计结果时过滤掉非目标用户。如目标用户是 18～35 岁的女性，那问卷收集的信息，在统计结果时应该过滤掉不属于这个群体的用户反馈。

3. 根据KANO模型进行分类

基于问卷结果进行需求分类的分析。每组正反向问题的排列组合一共是 25 种，对这 25 种组合进行统计，如表 2-2 所示。

表 2-2　KANO 模型统计结果

功能 A		提供此功能				
		喜欢	理应如此	无所谓	勉强接受	我不喜欢
不提供此功能	喜欢	Q	A	A	A	O
	理应如此	R	I	I	I	M
	无所谓	R	I	I	1	M
	勉强接受	R	I	1	1	M
	我不喜欢	R	R	R	R	Q

A：兴奋型　O：期望性　M：必备型　R：反向型　I：无差异型　Q：可疑结果

基于结果进行统计，最多比例的属性可作为统计后的结果，即该需求分类。当只需确认需求分类时，到这里就可以结束了。如果涉及多个需求的优先级排序，还需计算 Better-Worse 系数。

4. 量化分析

Better-Worse 系数表示某功能可以增加满意或者消除不喜欢的影响程度。

Better，简单说就是满意系数，代表如果产品提供某种功能或服务，用户满意度会提升。Better 值越大 / 越接近 1，则表示用户满意度提升的效果越强。

Worse 不满意系数，Worse 的数值通常为负，代表产品如果不提供某种功能或服务，用户的满意度会降低。其绝对值越接近 1，则表示对用户不满意度的影响最大，满意度降低的影响效果越强，下降得越快。

其计算公式如下：

增加后的满意系数 Better/SI=（A+O）/（A+O+M+I）

消除后的不满意系数 Worse/DSI=−1×（O+M）/（A+O+M+I）

也可以使用可视化的散点图或气泡图来分析。使用 Better 及 Worse 的绝对值制作气泡图，Worse 为横坐标，Better 为纵坐标，如图 2-7 所示。将用户对功能重要程度的打分作为气泡的平均值。

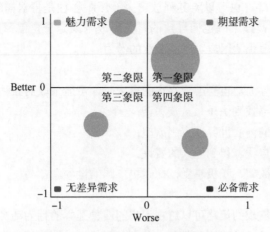

图 2-7　Better-Worse 对应需求分析

从图 2-7 中可以看出，第一象限内的功能是期望需求最优的，可以优先做此需求。

虽然此模型可以将定性的功能进行定量化处理，更能科学地指导产品决策。但是在实际的应用过程中，如果对业务本身理解不够好的话，得出的结果也不会准确。

而最容易出现问题的地方则是问卷调查部分，一个是问卷调查的问题，另一个则是问卷调查的对象。对于问卷调查的问题，则需要自己梳理，而对于问卷调查的对象，则需要根据产品的功能特性以及服务对象去划分用户群体，只有好的问卷才能得出最优的决策。

此外，需求也会因人而异，而商家要做的是满足目标用户人群中多数人的需求，需求会因为文化差异而不同，也会随着时间变换，昨天的期望需求，甚至魅力需求，到今天可能已变成必备型需求，所以需要持续调研需求，产品需要持续迭代。

2.4　Censydiam 用户动机分析理论

Censydiam 用户动机分析模型是由思纬市场研究公司的 Censydiam 研究机构提出来的，主要用于研究用户行为、态度或者目标背后的动机。该模型的基本逻辑是：用户的需求存在于社会和个体两个层面，面对不同层面的需求，用户会有不同的需求解决策略，通过研究用户采取的需求应对策略，可以透视用户内在的动机。

该模型的主要内容可以概括为两维度、四策略和八动机。

1. 两维度

两维度是指用户的需求存在于社会和个体两个层面。社会层面，用户经常需要在寻求群体归属和保持自我独立之间进行权衡，即群体是个体归属感和安全感的根本来源。同时，个体又需要在社会交往中充分展现自身的个性和能力，以及在与他人比较下获得自尊感和成就感，这个维度可以很好地帮助产品经理理解自己的产品将如何帮助用户塑造自身与周围社会之间的关系。个体层面，一个人产生需求欲望时，可以压制自己的欲望，也可以将其释放出来。压制往往是由对需求的必要性或是满足需求的能力的质疑或不确定而导致的，而释放则来源于自信开放的心态。这个维度可以帮助产品经理预测用户对产品满意的潜力。

2. 四策略

四策略是指个体面对自身客观存在的需求时，可能采取的四种满足策略。

（1）在集体中寻找到快乐，从众和谐；

（2）回到自己的内心世界，克制欲望；

（3）表达成功自我，得到他人的赞许；

（4）释放内心欲望，积极享受，探索更广阔的世界。

3. 八动机

通过用户满足需求的策略可以透视用户的四种基本的行为动机，即享乐/释放、顺从/归属、理性/控制和能力/地位，分别处于模型的四个端点上，如图2-8所示。

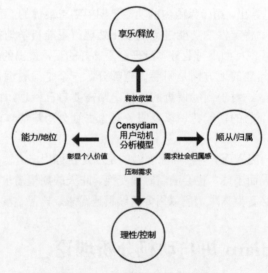

图 2-8　四种基本的行为动机

除了这四种基本动机外，Censydiam研究所还分析和总结了这四个象限之间人们表现出来的行为动机，得到用户的"八动机"，如图2-9所示。

（1）活力/探索：该象限的用户对世界充满了好奇，他们拥抱一切新奇的东西，渴望新的情感，以及挑战自我，自由、激情、冒险、速度总是他们的代名词。

（2）个性/独特：该象限的用户则总是表现得非常理智，他们也希望自己被他人注意，众人的关注使他们有一种优越感，但相比于希望体现能力的人，他们还缺少强势和对他人的控制力。

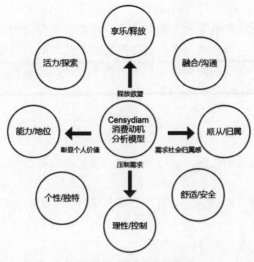

图 2-9　八种行为动机

（3）舒适 / 安全：该象限的用户总是关乎内心世界的，需要得到放松和宁静，希望被保护和被关心，有时候会从童年或过去美好的时光中寻找依赖。

（4）融合 / 沟通：该象限的用户总有一个开放的心态，希望与他人分享自己的快乐，分享友好，易于相处是他们经常得到的称赞。

需求是动机的根源，动机是造成行为的原因，而行为则让需求得以满足。相比需求本身，动机更能够预测用户的行为。产品成功的关键在于能否诱发用户的需求动机。在资源有限的情况下，产品经理要慎重选择用户的需求予以满足。

2.5　新媒体产品的生命周期与用户需求

产品的生命周期（Product Life Cycle，PLC），指一种新产品从开始进入市场到被市场淘汰的整个过程，即产品的市场寿命。1966 年，哈佛大学教授雷蒙德·弗农在《产品周期中的国际投资与国际贸易》一文中首次提出产品生命周期理论。将产品的生命周期分为导入期、成长期、成熟期和衰退期四个阶段。产品周期理论为新媒体产品的设计开发和营销推广，提供了完整清晰的发展链。

在不同的产品生命周期阶段，用户会有不一样的需求，新媒体产品也不例外。

2.5.1　导入期

新媒体产品导入期是指产品从设计投产到投入市场进入测试阶段的时期。

该阶段中，产品初现雏形，功能尚不完善；用户对于产品不了解，用户量少；需要大量资金发展产品。

在导入期，时间和效率非常重要。传统产品的导入期可能为几个月到几年。而对新媒体产品来说，一年时间已经很长了。以微信为例，从 1.0 测试版到 1.3 版本，只有三个月时间，而用户数量大大增加。这一时期需要专门的人对产品进行推广。传统产品一般就实物进行宣传，而新媒体产品主要就产品的功能性和用户体验进行宣传推广。在刚进入市场的时期，让用户对产品有良好的体验，对产品产生信任，是产品后续稳健发展壮大的必要基础。

2.5.2　成长期

新媒体产品的成长期是新产品在导入期的用户增长取得一定成功之后所进入的阶段。

在这个阶段，用户需求迅速上升，产品市场逐步扩大；生产成本降低，产品的销售额和利润也迅速增长；市场中同类产品出现，市场竞争压力增大，利润增长速度逐步减慢，直到生命周期利润最高点。

以短视频产品为例，最初市面上还只有零星的几款短视频应用产品，如抖音、快手等，这些短视频产品还不够完善，各方面都还在尝试阶段。但是，随着这些产品打开市场，引起关注之后，各类短视频产品蜂拥而至，迅速加入市场。产品的风格和功能也逐渐呈现差异化，对用户定位更加精准，用户的选择也更多。在这个竞争逐渐激烈的成长期阶段，新媒体产品需要在不同的平台引入流量，如在不同的平台（电视、微信等）做广告引入流量。

2.5.3　成熟期

新媒体产品的成熟期是指产品进入大批量生产、市场销售趋向稳定的阶段。

在这个阶段，产品的质量和用户体验在不断完善中趋于上乘；产品的市场需求趋于饱和，用户相对稳定；产品成本低且产量大，售价也大大降低，销售量增长速度减缓甚至下降；为保持产品的市场地位，企业和团队需要投入更多的运营成本，产品利润呈现下降趋势。

2.5.4　衰退期

新媒体产品的衰退期是指产品生命周期中的最后一个阶段，产品进入淘汰阶段。在这个阶段，产品不再适应市场需求，新的替代品出现，产品的竞争力逐渐丧失；产品的销售额、用户量和利润都呈现显著衰退趋势；由于无利可图，竞争者撤出市场，同类竞品越来越少。

以微博为例，2013 年的时候，业界普遍不看好微博的发展前景。但是新浪微博通过做市场调研不断进行改进，如撤销 140 字的限制，可以插入长文、录制小视频等，这些贴近用户需求的变革使得新浪微博在今天依旧具有活力。

有一点不可否认，没有什么是长久不衰的，新媒体产品只有不断地了解用户需求，在这一基础上不断进行变革和资源置换才能求得长久的生存之道。

2.6　用户需求场景构建与设计

用户在使用产品时，都会置身于一个环境中，或者处于某种状态，可以将这种环境或状态简单理解为用户使用产品的场景。比如在寒冷的冬季，冷得伸不开手指的操作场景；乘坐电梯时没有手机信号的场景；早上起来着急上班；一边洗漱一边使用产品的场景；阳光很强屏幕识别度低的场景，等等。这些场景有些会阻断用户使用，体验很不好。好的产品设计就是要为用户在不同场景中使用产品提供有效的解决方案。

解决用户的使用场景通常包含用户、地点、时间、动机和服务五个核心要素。接下来逐一进行讲解。

1. 用户

用户场景围绕用户才能产生，所以用户才是场景中的主角；整个场景的构建与设计都围绕着用户进行，这是用户场景能成立的先决条件，没有用户就不能成立用户场景的概念。

例如，为用户打造一款即时通信的产品，供用户与其他用户交流使用，但是上线后却发现没有用户使用。原因很简单，竞争对手微信太过强大，没有人员注册使用，更谈不上与其他用户交流。

所以说，有用户是场景建立的基础条件。

2. 地点

场景必须基于空间中，在这个空间中才能发生一系列的想象；用户场景中的组成，空间部分占比范围非常广泛。接下来，以用户家中、地铁和建筑工地三个空间场景来比较。

用户家中的网络肯定都比较好，产品在这样的环境下都可以运行得很好；地铁上，人多拥挤，且有可能单手甚至双手被占用，网络信号时有时无，可能一直没有信号，用户还必须时刻关注是否到站，这样的场景下比较适合使用音乐类产品；建筑工地上，噪声很大，听不见声音，打电话、听音乐的体验都会不好，只关注视觉的图片浏览产品是不错的选择。

在设计产品的时候，基于场景基本都在室内，网络环境都是充沛状态。在完美的空间场景下做出来的产品，肯定体会不到不同空间环境下出现的不同状况。

由此可知，空间环境是产品设计要考虑的重要因素之一。

3. 时间

时间是用户场景中客观存在的一个计量单位。没有这个维度，就很难有个刻度标准来定义。

比如，用户工作日每天上午的行程：起床、洗漱、坐车、打卡、工作；中午：吃饭、休息、工作；晚上：下班、坐车、回家、吃饭、娱乐等。周末的行程：睡觉、聚会、旅游、娱乐等。

这是上班族一周的行程，其中，晚上和周末属于用户最放松的时刻，可以享受自己的生活，做点和工作无关的事情。所以，这些时间段变成了产品需要去争夺的用户时间。

电视台通常把晚上的 7 点至 9 点定义为"黄金档"，很多企业都愿意支付高额广告费争抢这个时段的广告播放权。因为这个时段收视率最高，而收视率越高，曝光度就越高；消费者接触到产品广告的概率就越大，购买的概率也就越大，商家赚取的利润就越丰厚。

同时，产品基于用户的使用场景，是在不同的时间段被用户所需要。比如，早上起床往往需要个闹钟产品来唤醒用户；穿什么衣服由今天的天气情况决定，需要一款天气类预报产品获取穿衣指数；出门前使用地图类的产品了解一下路况，使用各类出行产品选择好适合的出行工具；坐在车上就是用户的碎片化时间，结合自己的空间场景选择适合的产品，看新闻、听歌曲、看视频或者看直播等；上班后，选择各种办公类的产品解决工作中遇到的各种需求；下班就又到了用户的碎片化时间，选择的余地相对比较多，但要兼顾第二天上班的考虑，休息不好就会影响工作效率；到了周末就是用户全身心放松的碎片时间，可以根据自己的兴趣爱好选择产品的类型，基于这样的场景，就可以很任性地做出选择。

4. 动机

用户使用产品的动机是什么？什么原因触发用户使用产品？动机是任何事情触发的起源，用户没有动机就不会有下文，做什么都没有用。动机是用户场景中一个关键因素。

比如，用户在碎片化时间想打发无聊的时间，这就是用户的动机。用户可能会选择玩游戏娱乐一下，玩游戏就是打发无聊时间的解决方案。但游戏有很多种，去玩什么样的游戏呢？如果最近用户暗恋的女孩在玩《阴阳师》，为了有共同语言，用户选择了这款游戏。

这里，用户选择游戏的原因是暗恋的女孩在玩，为了能有共同语言，能和女孩互动，这是用户选择这款游戏的动机，获得女孩认同和共鸣。慢慢加入女孩的玩游戏阵列，每天还可以看看女孩的状态，还能主动找女孩聊游戏的话题，这就变成用户玩这款游戏的解决方案。

首先是用户有动机，刚好产品可以为其提供解决方案，才促成这个用户使用的场景。

5. 服务

用户有了需求，产品是能为用户提供解决方案的服务。服务也可以理解为是对应用户使用场景中的解决方案。

要经常问一问，产品能为用户提供什么服务？能否解决用户的问题？在用户需要的时候，如果不能提供很好的服务，解决不了用户的问题。那产品就算不上一款成功的产品，注定会失败。

比如，用户想听听音乐，舒缓身心，音乐播放器可以帮助用户快速找到适合的音乐集；用户心情不好想发泄一下时，游戏软件可以提供实时对战；用户突然想了解一下时事新闻时，资讯类软件可以快速呈现。

产品在满足用户需求的同时，会不断地迭代增加新功能。如果用户在某个场景下只需要使用到产品的某一项功能，其他的功能反而会给用户造成困扰。匹配到适合的场景下，为用户提供有针对性的服务，才真正解决用户的问题。同时，记录下用户使用完这个功能后的其他行为，可以帮助商家完善产品，更精准地利用场景，为用户提供更好的服务。

用户在某一种空间环境下的不同时段，会有不同的动机，而不同的动机又需要不同的解决方案。所以，用户为什么使用产品，主要是由产品能提供的服务决定的，这也是促使用户产生行为的最直接的动机。

总之一句话：在特定的空间和特定的时间中，产品应该能够提供特定的服务以满足用户特定的需求。

2.7 新媒体用户需求案例分析

掌握了新媒体用户的特征后，下面通过分析案例，比较传统媒体用户与新媒体用户的特征，加深对新媒体用户特征的理解。

2.7.1 案例一：用 KANO 模型分析短视频用户需求

下面使用 KANO 模型分析短视频的用户需求，寻找其中给予短视频创作者的启示。

1. 分析用户需求

通常情况下，分析用户需求之前应该完成对于用户的问卷调查工作。但是，一般情况下，调查问卷的回收率不高，因为用户观看短视频就是为了便捷，为了在短时间内获得自己想要的东西，给他们发调查问卷会让他们感觉在浪费时间。最有效的方法是和其他同类视频、爆款视频进行对比，将相同的和不同的元素罗列出来，然后列表分析，如表 2-3 所示。

表 2-3 视频对比列表

	喜欢	不喜欢	中立态度	可以接受	反感
具备此功能					
不具备此功能					

例如，针对电影解说类短视频进行对比，然后得到很多异同点，选取其中一点来分析，比如视频排名，通过查看点赞量和评论，可以统计得到用户的偏向。

如果其中一个数据很高，其他数据很低，就能够说明问题。比如，"喜欢"说明这是魅力需求或期望需求；"不喜欢"就是反向需求；"中立态度"就是无差异需求；"可以接受"就是无功无过；"反感"说明用户不是很反感，但是也不认同。

如果这些数据持平，就有可能是期望需求。只要视频中的分析很在理，即使有些用户不太接受最终的排名，但是他们都被排名吸引来了，说明排名是他们期待解决的问题。由此可见，具体问题还要结合实际情况具体分析，数据只是提供了大致的情况。比如，创作者为了吸引用户，故意制造槽点，虽然评论区有很多争议，但是视频获得了推荐。

2. 同类视频分析

由于数据还不能全面反映用户需求，所以需要加入视频画面来综合分析。

以穿搭类视频为例，既然穿搭是视频主要呈现的内容，那么它就是基本需求；而主播的颜值是期望需求，主播颜值越高，用户越喜欢；如果视频中出现了舞蹈、搞笑情节，那么这就是魅力需求；场景一般是无差异需求，但是如果用户很熟悉或者很喜欢，也会成为魅力需求。

创作者一般都知道视频中的基本需求、期望需求，也会避免出现反向需求，需要挖掘的就是魅力需求，而魅力需求是需要创意的，很多视频很平庸就是因为缺少魅力需求。通过以上分析发现，无差异需求可以转化为魅力需求，所以创作者可以从这方面入手。

比如，美食视频中的背景是厨房、墙壁等，就可以换成花园或者街边落地窗旁；教学视频中的素材，可以换成高颜值的女孩；等等。

2.7.2　案例二：某游戏的目标用户调研

某游戏的游戏运营经历了三个过程：立项、测试、上线，整个过程中需要大量的与市场分析、用户分析和产品内容相关的数据。针对这些业务需求，游戏公司做了大量的用户研究工作，研究工作以整个产品的生命周期为一条线展开，市场营销、产品运营人员根据研究结果制定了对应的行动决策。

用户研究所获取的数据能支撑这个产品生命周期，以该游戏为例，不同节点的工作内容以及重点解决的核心问题如表 2-4 所示。

表 2-4　某游戏不同节点的工作内容以及重点解决的核心问题汇总表

	业务问题	研究问题
游戏立项阶段	• IP 认知度 • 目标用户是谁 • 竞品游戏有哪些	• 目标用户调研 • 竞品研究

续表

	业务问题	研究问题
游戏测试阶段（封测）	• 目标用户验证 • 核心玩法接受度 • 游戏 BUG • 玩家建议 • 产品卖点验证 • 如何推广	• 用户签到 • 问卷测试 • 用户电话 • 调研市场调研
游戏测试阶段（内测）	• 用户流失原因 • 各个模块满意度 • 预订激活码不购买的原因 • 购买激活码不登录的原因 • 进入支付页面不购买激活码	• 用户流失及满意度研究 • 电话调研
游戏上线阶段	• 用户流失原因 • 商城消费动机 • 商城道具喜好	• 用户流失原因研究 • 用户付费情况研究

值得注意的是，虽然用户调研能找到玩家需求和痛点，也能给出一些建议或分析，但是最终怎么样形成策略，需要运营和市场人员一起去思考，因此，用户调研本身不能代替决策和思考。比如，根据用户调研找到目标用户的特点，并做了产品的市场定位，基于这个定位，就要去想目标用户群下面要做怎么样的市场营销策略，以及通过什么样的渠道或创意去触达他们，在这里面的每一个环节都会产生对用户的理解，因为只有这样才能有针对性地进行营销推广工作。

该游戏在全生命周期阶段，用户调研分为以下几个部分：

- 目标用户调研。
- 首测市场问卷调研。
- 首测电话调研访谈。
- 内测满意度与流失研究。
- 玩家道具喜好调研。

在此以用户调研为例，某游戏是一款代理类大型 MMORPG 类型游戏，为了了解该游戏 IP 的认知度、目标用户的特点，洞察用户需求，构建目标用户画像，帮助产品确立正确的市场定位，需进行目标用户调研。

通过问卷分析，有助于了解目标用户，定位游戏市场，从而让市场人员在制订市场营销策略和推广方案上有例可循，通过恰当的渠道或创意触达目标用户群体。

- 定量问卷：某问卷平台渠道投放。
- 用户来源：某平台用户（用户群体为互联网大众用户）。
- 问卷投放时间：15 天。
- 有效样本数：2000。

通过对问卷分析可知：

（1）品牌认知度较高，达 60%（包括玩过和听过），在对比游戏中排名第四，但其中玩过该游戏的用户比例较低，占 10%。

（2）用户画像（按用户核心程度划分）。

核心用户：大型 3D MMORPG 用户，同时也是日系游戏爱好者，喜欢动作 / 格斗游戏的单机用户。

次核心用户：大型 3D MMORPG 用户，同时也是单机游戏用户，动作类的网游用户，2D/3D MMO 网游用户，PVP 网游用户。

潜在用户：其他类型的 MMORPG 用户。

核心用户中男性比例相对较高，年龄集中在 23 ～ 30 岁，以企业职员和大学生为主，喜欢唯美精致的画面和跌宕起伏的剧情。

（3）不同类型用户的职业定位。

某游戏的主要用户群体是 3D MMO 用户，占 40%，其次是"画面控"游戏用户，占 30%。"画面控"游戏用户和喜欢日本文化的用户群体主要是学生、宅男和宅女。

2.8 本章小结

本章通过讲述新媒体用户需求的相关内容，帮助读者了解用户与用户需求、马斯洛层次需求分析理论、KANO 模型分析理论、Censydiam 用户动机分析理论、新媒体产品的生命周期与用户需求以及用户需求场景构建与设计等内容，同时分析了新媒体用户需求的相关案例，为进一步学习新媒体用户运营打下基础。

第3章 新媒体用户行为分析

伴随着全球经济一体化的推进，全球的经济竞争俨然变成了知识和信息之间的竞争。行为挖掘分析作为一种重要的技术在企业现代化管理中得到广泛应用，合理利用企业的各种数据进行定量分析，提升企业决策能力，增强企业竞争优势，已成为越来越重要的问题。随着时代的发展，越来越多的新媒体不断涌现出来，新媒体的发展传达了用户对信息需求形式改变的诉求。新媒体对信息的传播能够将复杂的问题简单化，让用户更快地接触到信息，在获得信息便利的同时也带来了不一样的感官体验。

3.1 新媒体用户行为概述

随着新媒体技术的快速发展，以互联网、移动多媒体网络为载体的新媒体得以广泛应用。新媒体具有形式丰富、互动性强等特点，其用户规模正在迅速扩大。各类新媒体都具有其独特的技术和传播特点，因而新媒体的用户类型和结构也不相同，不同年龄、不同性别、不同教育程度的用户可能对同一媒体的认知、操作等都不相同。为使新媒体更好地服务于用户，需要了解用户使用新媒体的规律性特点。

3.1.1 新媒体用户行为的概念及种类

对用户行为进行分析，要将其定义为各种事件。比如用户搜索是一个事件，在什么时间、什么平台上、哪一个 ID、搜索的内容是什么。这是一个完整的事件，也是对用户行为的一个定义。可以在网站或者 App 中定义千千万万个这样的事件。

有了这样的事件以后，就可以把用户行为连起来观察。用户首次进入网站后就是一个新用户，他可能要注册，那么注册行为就是一个事件。注册要填写个人信息，之后他可能开始搜索买东西，所有这些都是用户行为的事件。

用户行为由最简单的五个元素构成，即时间、地点、人物、交互、交互的内容。

新媒体用户行为可以分为 3 种：渐进式、往复式和随机式。

1. 渐进式

从任务的角度去思考行为，即当用户为了完成某任务时才会产生行为。

当某个用户的任务很明确时，例如，打开手机淘宝 App 购买一台联想 y430p 笔记本电脑，这时候的行为路径是打开淘宝 App——搜索联想 y430p 笔记本电脑——

浏览搜索结果——选择联想旗舰店——浏览商品详情页——加入购物车——进入购
物车——付款,该路径是线性的,即渐进式的,任务很明确时的行为称之为渐进式的。
图 3-1 所示为渐进式用户行为概念图。

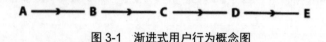

图 3-1　渐进式用户行为概念图

2. 往复式

当任务变成用户想买一台笔记本电脑,这个时候的任务很模糊。他会在搜索结
果页和详情页之间来回切换,以便对比找到心仪的电脑。这个时候行为路径则是打
开淘宝 App——搜索笔记本电脑——浏览搜索结果——查看商品详情——返回结果
页——查看商品详情——直到找到心仪的笔记本电脑完成付款,或者没有找到放弃
任务。这种来回切换页面,对比信息的行为路径特点是往复式,即任务相对模糊时
的行为路径是往复式的。图 3-2 所示为往复式用户行为概念图。

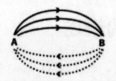

图 3-2　往复式用户行为概念图

3. 随机式

很多时候人们并没有购物目标,只是想打开购物 App 逛逛。相信很多人都有这
样的情况。再想想这个时候你会做什么?打开 App 在各个页面寻找自己感兴趣的入
口,几乎没有规律,看到了哪就点到哪,不停地浏览。这个时候行为路径的模式便
是随机的。图 3-3 所示为随机式用户行为概念图。

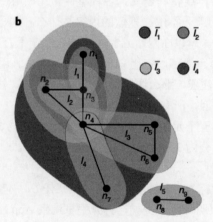

图 3-3　随机式用户行为概念图

3.1.2　新媒体用户行为分析的概念及意义

依照前文中新媒体用户行为的概念和种类，下面讲述新媒体用户行为分析的概念及意义。

1. 新媒体用户行为分析的概念

狭义的用户行为分析指对线上行为的有关数据进行统计、分析，从中发现用户访问行为规律，并将这些规律与线上运营策略等相结合，从而发现：前运营中可能存在的问题，并为进一步修正或重新制订运营策略提供依据。

广义的用户行为分析则并不局限于线上用户的行为，而扩展到所有新媒体用户，特别是潜在的新媒体用户行为的分析。通过对目标用户的调查或访谈，或者竞争品牌使用者的行为调查，获得有效信息，这些对产品研发有着关键的作用。

2. 新媒体用户行为分析的意义

用户行为分析是用户画像的前提，只有做了用户行为分析才能知道用户画像、知道用户在网站上各种浏览、点击、购买背后的逻辑是什么。

通俗来说，分析的主要方式就是关注流失的那一部分用户，尤其是对转化有要求的网站，通过分析用户在网站上具体经历了什么而导致流失。企业希望用户真正找到平台的价值和他自身价值的匹配点，真正喜欢自己的产品，变成自己的忠诚顾客，希望用户选择了自己产品就不要走了。

通过用户行为分析，企业可以分析自己的用户怎么流失、为什么流失、在哪里流失。例如，最简单的搜索行为可以分析某一个 ID 什么时间搜索了关键词、看了哪一页、哪几个结果，同时这个 ID 在哪个时间下单购买了，整个事件中的每个行为都是非常重要的。

🔖 **课堂讨论：** 你认为新媒体用户行为分析还有哪些其他的意义？

3.1.3　新媒体用户行为研究

本章聚焦新媒体用户行为分析的狭义内容，本小节就新媒体用户行为分析的广义内容进行简单讲述。

新媒体用户行为主要分为线上行为和线下行为，线上行为提供大量在线数据及大数据平台。线下行为的用户分析主要有两种：定性分析和定量分析。

1. 定性分析

1）定性分析的定义

对研究对象进行质的方面的分析，具体来说，就是运用归纳和演绎、综合与分析以及抽象与概括等方法，对获得的各种材料进行思维加工，从而能去粗取精、去伪存真、由此及彼、由表及里，达到认识事物的本质、揭示内外规律的目的。线下用户的定性分析，有助于新媒体产品导入期、成长期和快速便捷地发现产品用户及潜在用户的行为模式。

2）定性分析的研究方法

（1）访谈法。

访谈法通过访谈者与受访者之间的交流互动来收集产品使用者的使用动机、态度、个性和价值观念等信息。

步骤：拟好访谈提纲、挑选目标用户、一对一面访或电话访问、一对多小组座谈会。以"某网约车软件"为例，2016 年六、七月份，该网约车软件上线了"行程安全""设定紧急联系人"的功能，当行程中出现危险状况时，乘客可以第一时间通知紧急联系人。该行为的目的是了解用户对该网约车软件安全性的认知、对比功能的了解度及看法。

- 你觉得用该网约车软件的安全性高吗？
- 你知道该网约车软件有"行程安全"或设定"紧急联系人"这两个功能吗？
- 你觉得这个功能会有利于提高安全性吗？

部分用户的想法：如果打车时遇到安全问题，需要自己在系统里找到这个号码然后拨打？自己求助，然后系统联系。那就一点意义都没有了，都出安全问题了哪还有时间在系统里找联系方式啊，就算还能打电话，就直接用手机完成而不是利用系统拨打。

用户提出自己的思路：我觉得这个功能有用，如果从安全考虑，可以和的士一样，加上摄像机，司机在线的时候摄像头自动开始，下线的时候摄像头自动关闭，并设计一个紧急按钮。

访谈法主要是通过受访者自我报告产品使用体验，但有时候，由于各种原因，一些用户不会主动谈论他们觉得有问题或者自己难以理解的软件或应用，这时，在访谈法基础上加入观察法。

（2）观察法。

观察法分为直接观察法和间接观察法。

①直接观察法：真实、直接、主动性强、感官敏感度有限、注意与短时记忆力广度有限。

②间接观察法：每秒 60 次读数、记录购物者选购某一类产品时的视觉焦点坐标、揭示购物者如何观察某类产品。反应不真实、经费支出较大、技术要求较高。

2. 定量分析

1）定量分析的定义

积累了大量的产品用户数据对特定研究对象的总体得出统计结果，新媒体产品成熟期和衰退期依靠对事物可以量化对变量之间的相关部分进行测量和计算进行分析以达到对事物的把握。

2）定量分析的研究方法

（1）问卷调查法。

①定义：是指对用户投放问卷，并通过问卷数据分析得出结论，问卷调查是社会科学的典型方法之一，它是以客观的态度，通过对受众的系统提问，收集并分析有关研究数据，以描述或解释传播现象及其各相关因素之间的关系的实证研究方法。

②步骤：

第一步：决定题材，分析理论和拟订研究假说。

第二步：问卷设计，问卷是依据有关理论和假说而设计的，任何组成假说的自变数或应变数，均必须用一题或多题的问卷来表示。

第三步：选取样本，从成员总体中抽取一部分能够代表总体的样本，样本数最好是整个总体数的 5%以上，但最少通常不得低于 500 个样本。

第四步：访问，分入户访问、电话访问或邮寄访问。

第五步：统计分析，得出结论，撰写报告。

（2）控制实验法。

控制实验法是指在既定条件下，通过试验对比，对市场现象中某些变量之间的因果关系及其发展变化过程加以观察分析的一种调查方法。

案例　　对新媒体用户现状进行调研——问卷调查法

对新媒体用户现状进行调研，通过问卷调查的方式调研用户对新媒体的接触情况。对调研阶段采集到的新媒体使用行为数据进行数据选取和预处理，得到适合分析的目标数据集。应用自组织特征映射算法对新媒体用户行为模式进行分析。

1. 数据采集

通过问卷调查的形式搜集用户对网络视频、即时通信工具和网络游戏的接触及使用情况。调查问卷包括两部分，即用户的新媒体使用行为调查和用户基本信息调查。在用户新媒体使用行为调查部分，针对每种新媒体的特点对用户的使用方式进行调研，如收看网络视频的频率和上传视频的情况；使用即时通信工具的频率；玩网络游戏的频率等。用户基本信息的采集包括用户的年龄、性别、教育程度等。

2. 数据预处理

问卷调查采集到的原始数据无法直接进行数据挖掘，需要对数据进行预处理，使后面的数据挖掘过程有较高质量的输入数据，最终得到准确的挖掘结果。数据预处理的重点是将问卷调查采集到的数据处理成适合用户行为模式分析的输入数据。

3. 数据测试

由于对新媒体用户媒体使用行为数据所进行的聚类分析并不存在先验知识，是在完全未知的状态下进行的预测性挖掘，所以需要通过大量实验来确定竞争层的神经元个数及相关参数。

4. 结果分析

引入相关程序，结合用户性别、年龄和教育程度三项基本信息对上述聚类结果进行分析，统计出每类用户使用每种新媒体的特点，通过自组织特征映射算法对大量新媒体用户的使用行为数据进行数据挖掘，使具有相似偏好的用户以群的模式聚集起来，而后分析得到不同的用户群偏好，可以使新媒体服务提供商准确预测用户的需求，便于为用户提供更加符合其兴趣偏好的增值业务，更好地满足用户多层次、多样化、个性化、专业化的需求。图 3-4 所示为新媒体用户行为相关问题调研的过程。

图 3-4　新媒体用户行为相关问题调研的过程

3.2　新媒体用户行为分析指标

　　用户行为数据非常多，很难做到一个个不遗漏地去分析，所以很有必要对用户行为数据进行一个简单而又方便全面的划分，以便处理和分析这些用户行为数据。

3.2.1　用户行为的分析指标

　　用户行为分析中的指标大体上可以分为三大类，即黏性指标、活跃指标和产出指标，每个分类可以包含多个具体行为指标来共同衡量用户在这三类中的行为表现，进而区分用户的行为特征，对用户进行分类或者综合评定。

　　1. 黏性指标

　　用户黏性就是指用户双方彼此的使用频率，黏性是衡量用户忠诚度计划的重要指标，它对于整个电商网站乃至品牌形象起着很重要的作用。

　　广义之黏性（又称黏度）是指用户对网站的依赖度、忠诚度和使用程度。通常黏度越高的网站价值越高，因此如何提高用户黏度也是各网站运营的首要任务。

　　黏性指标主要关注用户在某一段时间内持续访问和使用网站的情况，更强调一种持续的状态。

　　衡量用户黏性的指标就是使用时长和使用频率。表 3-1 所示为用户黏性情况及其效果汇总表。

表 3-1　用户黏性情况及其效果汇总表

用户黏性情况	用户黏性效果
高频率高时长	用户日启动次数多，使用时间较长，应用提供的核心功能用户体验极好，用户依赖度高。例如，QQ、微信等即时通信应用软件
高频率低时长	黏性较高，由于功能性有限导致用户停留时间不长
低频率高时长	黏性较高，依赖度一般，由于极好地满足了用户的核心需求，每次启动停留的时间都很长，如电商类、游戏类应用
低频率低时长	用户黏性低，没有得到用户的认可和依赖，属于失败的应用

2. 活跃指标

活跃指标更多指向的是用户每次访问过程中发生的行为，考察用户访问中的参与度。

1）日活 / 月活

日活（Daily Active User，DAU）指日活跃用户数量，常用于反映网站、互联网应用或网络游戏的运营情况。DAU 通常统计一日（统计日）之内，登录或使用了某个产品的用户数（去除重复登录的用户），与流量统计工具里的访客（UV）概念相似。

月活（Monthly Active User，MAU）指网站、App 等月活跃用户数量（去除重复用户数）。数量的大小反映用户的活跃度，但是无法反映用户的黏性。

行业默认的活跃标准是用户用过产品，广义上，网页浏览内容算"用"，不限于打开 App。其实，目前行业内对于日活 / 月活的定义也越来越广泛，是为了增加数据的量级，产生良性行业影响。但是对于内部分享来说，目前行业内定义活跃用户是在用户时长或者动作上加了限定的，类似于限定了打开 App，停留时间超过 5 分钟，诸如此类。

在活跃用户上会做进一步的计算，即活跃率。某一时间段内活跃用户在总用户量的占比。一般来说会分析日活、周活、月活，此指标是看产品的健康度。

做用户分析的时候会重点关注活跃用户，但同时也会对新用户、沉睡用户、睡眠用户、流失用户、回流用户、忠诚用户等做全生命周期的分析。

2）PV/UV/VV

PV（Page View）是互联网早期时代的指标，是指页面浏览量，用户在网页的一次访问请求可以看作一次 PV。比如，1 个用户看了 10 次页面，则 PV 记为 10。

UV（User View）是访问页面的人数，也称作独立用户量。比如，1 个用户看了10 次页面，则 UV 记为 1。

VV（Video View）指视频播放次数，是当前衡量视频网站效果的参数之一。

3）用户会话次数

用户会话（Session），是用户在时间窗口内的所有行为集合。用户打开 App，搜索商品、浏览商品、下单并且支付，最后退出，整个流程算作一次会话。

会话的时间窗口没有硬性的标准，网页端是约定俗成的 30 分钟内，移动端默认为 5 分钟。但是这个也是因产品而异，对于有些内容型窗口会长一些，视频类窗口可能会更长一些，那么这个就按照指标自行定义。

4）用户访问时长

不同类型软件的用户，访问时间各不相同，社交类、视频类肯定会长于工具类产品。

5）功能使用率

功能关系着产品的发展以及用户使用深度。一般来说，分析功能使用率的时候特别关注两个功能，即用户一进来会使用哪个功能，以及用户退出之前最后使用的一个功能。

此外，功能使用率还有一些指标，比如图片送达率、转化分享率、二次转化分享率等，也是衡量产品质量的一个重要指标。

3. 产出指标

产出是最直接的指标，可以直接衡量用户创造的价值输出，如电子商务网站可以选择"订单数"和"客单价"，前者衡量产出的频率多少，后者衡量平均每次产出价值的大小。

3.2.2　基于用户行为分析的细分

根据用户行为的分类：黏性、活跃、产出，可以判断出用户对产品的价值贡献。但是对于这些用户只根据这些指标就能够判断出他们的喜好吗？显然，这是不够的，还得去研究这些用户的特征及对产品的期望，再去做精准营销，由此可以基于用户行为分析对其种类进行细分。

1. 流失用户/留存用户

1）流失用户

流失用户指那些曾经使用过产品或服务，由于对产品失去兴趣等种种原因，不再使用产品或服务的用户。该部分用户可能是网站的注册用户、手机 App 的下载者等。

对于流失用户的界定，依照产品服务的不同而标准不同。比如医院，用户长期不生病，但一生病就会去某家医院，并且愿意接受该医院提供诸如体检等其他服务，并不认为他是一个流失用户；对于手机应用来说，卸载软件并且没有再次安装、一定时期内不再登录使用、选择其他竞品的用户，等等，都可以定义为"流失用户"。

流失用户是相对于活跃用户而言的，在一定的时期内，他们可以互相转化。例如，某游戏代理商更换，导致服务器停止与内容更新停滞，许多玩家"退游"，该部分玩家变成了流失用户；而服务器重启后，一部分用户再度回归，这就是流失用户转化为活跃用户。过了一段时间，玩家渐渐对游戏失去兴趣，在线人数不断减少，这就是活跃用户转化为流失用户；随后，游戏制作商又推出了新的资料片，新增了新的游戏副本模式和剧情，部分流失用户回归，又转化为活跃用户。

2）留存用户

在互联网行业中，用户在某段时间内开始使用应用，经过一段时间后，仍然继续使用该应用的用户，被认作是留存用户。

这部分用户占当时新增用户的比例，即留存率，会按照每隔 1 单位时间（如日、周、月）来进行统计。顾名思义，留存指的就是"有多少用户留下来了"。留存用户和留存率体现了应用的质量和保留用户的能力。

2. 新用户/老用户

新用户是一个产品持续运作、不断拓展的本源。所以新老用户的运营非常重要，下面以电商产品为例，界定新老用户。

通常对于新老用户的界定都依托于产品类型。

一般用该账号是否下单区分，但是也可以发散到很多细节，比如：

①终端：PC/WAP/App 端。

②账号：手机号 / 注册账号 /App 设备号。

③行为：是否注册 / 是否首访 / 是否浏览 / 是否领券 / 是否下单，等等。

3. 单次购买用户/二次购买用户。

单次购买用户和二次购买用户则比较好理解，可以通过字面理解为只下单一次的用户和多次购买的用户。

3.3 用户行为分析模型与方法

用户行为分析是用户中心的设计流程中的第一步，是一种理解用户，将他们的目标、需求与商业宗旨相匹配的理想方法，可以帮助企业定义产品的目标用户群。在用户行为领域，数据的使用及挖掘是非常重要的，通过数据分析方法的科学应用，经过理论推导，能够相对完整地揭示用户行为的内在规律，基于此帮助产品实现多维交叉分析。

3.3.1 用户行为分析的定义及方法

用户行为分析是指在获得网站或 App 等平台访问量基本数据的情况下，对有关数据进行统计、分析，从中发现用户访问网站或 App 等平台的规律，并将这些规律与网络营销策略等相结合，从而发现目前网络营销活动中可能存在的问题，并为进一步修正或重新制订网络营销策略提供依据。这是狭义的只指网络上的用户行为分析。

在数据分析的大框架下，通过对用户行为监测获得的数据进行分析研究的行为归结于用户行为分析。用户行为分析可以让产品更加详细、清楚地了解用户的行为习惯，从而找出网站、App、推广渠道等产品存在的问题，有助于产品发掘高转化率页面，让产品的营销更加精准、有效，提高业务转化率。

针对用户行为分析，通常分为如下几个方法：

- 行为事件分析。
- 点击流数据分析。
- 用户行为路径分析。
- 漏斗模型分析。

3.3.2 行为事件分析法

1. 行为事件分析的含义

行为事件分析法主要用于研究某行为事件的发生对企业组织价值的影响以及影响程度。企业借此来追踪或记录用户行为及业务过程，如用户注册、浏览产品详情页、成功投资、提现等，通过研究与事件发生关联的所有因素来挖掘用户行为事件背后的原因、交互影响等。

针对某一具体行为，进行深度分析，维度全面细致，确认导致该行为的原因；或针对某一结果现象，回溯可能造成此现象的行为是什么。例如，回溯点击该功能和不点击该功能的用户有什么行为差别。

2. 行为事件分析的特点

行为事件分析法具有强大的筛选、分组和聚合能力，逻辑清晰且使用简单，已被广泛应用。行为事件分析法一般包含事件定义与选择、多维度下钻分析、解释与结论等环节。

1）事件定义与选择

事件描述的是一个用户在某个时间点、某个地方、以某种方式完成了某件具体的事情。Who、When、Where、What、How 是定义一个事件的关键因素。

- Who 是参与事件的主体，对于未登录用户，可以是 Cookie、设备 ID 等匿名 ID；对于登录用户，可以使用后台配置的实际用户 ID。
- When 是事件发生的实际时间，应该记录精确到毫秒的事件发生时间。
- Where，即事件发生的地点，可以通过 IP 来解析用户所在省市；也可以根据 GPS 定位方式获取地理位置信息。
- What 描述用户所做的这个事件的所有具体内容。比如对于"购买"类型的事件，则可能需要记录的字段有商品名称、商品类型、购买数量、购买金额、付款方式等。
- How，即用户从事这个事件的方式。用户使用的设备、浏览器、App 版本、渠道来源，等等。

2）多维度下钻分析

最为高效的行为事件分析要支持任意下钻分析和精细化条件筛选。当行为事件分析合理配置追踪事件和属性，可以激发出事件分析的强大潜能，为企业回答关于变化趋势、维度对比等各种细分问题。同时，还可以通过添加筛选条件，精细化查看符合某些具体条件的事件数据。

3）解释与结论

此环节要对分析结果进行合理的理论解释，判断数据分析结果是否与预期相符，如判断产品的细节优化是否提升了触发用户数。如果相悖，则应该针对不足的部分进行再分析与实证。

3. 行为事件分析应用场景

每个产品根据产品特性，会有不同的行为事件和筛选维度，但基本涵盖了该业务所需要的所有数据指标维度，进行前期数据规划时，需要对可分析事件进行全量数据埋点。后期平台运营过程中，将依赖于前期的数据采集规划。

例如，某互联网金融客户运营人员发现，某日来自新浪渠道的 PV 数异常高，因此需要快速排查原因：是异常流量还是虚假流量？

　　企业可以先定义事件，通过"筛选条件"限定广告系列来源为"新浪"。再从其他多个维度进行细分下钻，比如地理位置、时间、广告系列媒介、操作系统、浏览器等。当进行细分筛查时，虚假流量无处遁形。

　　在剔除虚假流量后，运营人员可进行其他用户行为分析。通过"投资成功"事件，查看各个时段的投资金额。若想知道每个产品类型的投资金额，此时再按照"产品类型"进行分组查看即可。

　　当用户投资到期后，后续行为可能是提现或继续投资，运营人员可以实时关注"提现率"的变化趋势。

　　图 3-5 所示为事件分析工具。

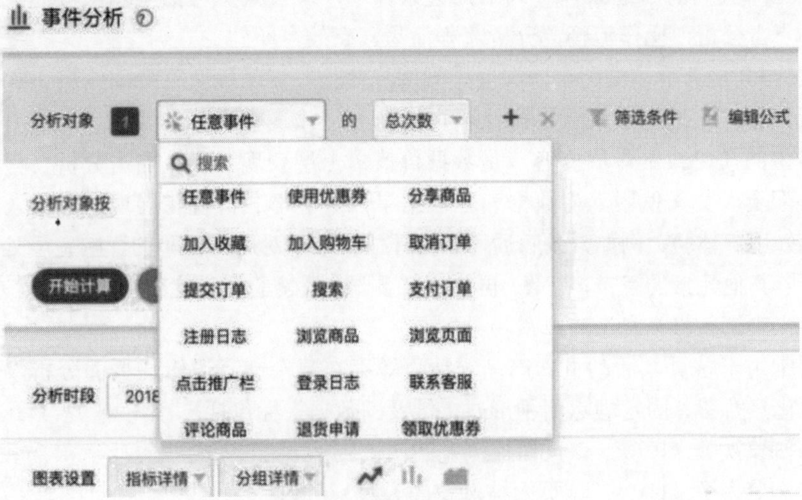

图 3-5　事件分析工具

3.3.3　点击流数据分析法

　　点击流数据分析模型在各行业内数据分析应用较为广泛，是重要的数据分析模型之一。

　　1. 点击流数据分析法的含义

　　点击流数据分析是收集、分析和汇报有关访客访问哪个页面、访问页面的顺序以及鼠标连续点击的结果（即点击流）的整体数据的过程。通过数据挖掘等，可以形成对网站用户行为规律的资料，对营销活动有很大的指导意义。

　　点击流数据分析主要有访问流量分析和电子商务分析两种。访问流量分析在服务器阶段实施，所采用的手段是收集用户浏览网站时与用户所浏览路径有关的点击流数据。它跟踪对用户提供的服务页数，这些页面的载入时间，用户点击浏览器后退和前进按钮的频率，在用户离开之前传输数据的总数等。基于电子商务的分析则使用点击流数据来测定网站作为市场渠道的效果，定量分析停留在网站上的用户的行为。

2. 点击流数据分析法的优势

1）精准评估用户与网站交互背后的深层关系

除了展示单个页面或页面组的点击图，前沿的点击分析应该能够支持事件（元素）属性、用户属性的任意维度筛选下钻；运营人员可以按照事件属性和用户属性进行筛选，对特定环境下特定用户群体对特定元素的点击进行精细化分析；支持查看页面元素点击背后的用户列表，满足企业网站的精细化分析需求。

2）实现网页内跳转点击分析，抽丝剥茧般完成网页深层次的点击分析

前沿的点击分析应支持网页内点击跳转分析——在浏览页面点击图时，使用者能够像访问者一样，点击页面元素，即可跳转至新的分析页面，且新的分析页面自动延续上一页面的筛选条件。同一筛选条件下，运营人员可抽丝剥茧般完成网页深层次的点击分析，操作流畅，分析流程简易、高效。

3）与其他分析模型配合，深度感知用户体验，实现科学决策

无法精细化地深入分析，会让网页设计与优化丧失了科学性。点击图呈现用户喜爱点击的模块或聚焦的内容，是数据价值最上层表现。当"点击分析"与其他分析模块配合，交叉使用，将数据和分析结果以多种形式可视化展现，运营人员即可深度感知用户体验。例如，改版后，如何评估新版本对用户体验的影响？一处修改，是否影响其他元素的点击，等等。再如 A/B 测试，反复验证优化效果选择最优方案等。

3. 点击流数据分析法的应用场景

通常用于首页、活动页、产品详情页等存在复杂交互逻辑的页面分析。一般分为可视化热力图、固定埋点两种形式。涉及的数据指标包括：

- 浏览次数（PV）：该页面被浏览的次数。
- 浏览人数（UV）：该页面被浏览的人数。
- 页面内点击次数：该页面内所有可点击元素的总次数。
- 页面内点击人数：该页面内所有可点击元素的总人数。
- 点击人数占比：页面内点击人数 / 浏览人数。

图 3-6 所示为网页点击热力。

图 3-6　网页点击热力

3.3.4　用户行为路径分析法

用户行为路径分析同样是重要的数据分析模型，它为企业实现理想的数据驱动与布局调整提供科学指导，对精准勾勒用户画像也有重要参考价值。

1. 用户行为路径分析法的含义

用户行为路径分析是一种监测用户流向，从而统计产品使用深度的分析方法。它主要根据每位用户在 App 或网站中的点击行为日志，分析用户在 App 或网站中各个模块的流转规律与特点，挖掘用户的访问或点击模式，进而实现一些特定的业务用途，如 App 核心模块的到达率提升、特定用户群体的主流路径提取与浏览特征刻画、App 产品设计的优化与改版等。

2. 用户行为路径分析法的优势

明确用户现存路径有哪些，发现路径问题，或优化用户行为沿着最优访问路径前进，结合业务场景需求进行前端布局调整。

1）可视化用户流，全面了解用户整体行为路径

通过用户路径分析，可以将一个事件的上下游进行可视化展示。用户即可查看当前节点事件的相关信息，包括事件名、分组属性值、后续事件统计、流失、后续事件列表等。运营人员可通过用户整体行为路径找到不同行为间的关系，挖掘规律并找到瓶颈。

2）定位影响转化的主次因素，产品设计的优化与改进有的放矢

路径分析对产品设计的优化与改进有着很大的帮助，了解用户从登录到购买整体行为的主路径和次路径，根据用户路径中各个环节的转化率，发现用户的行为规律和偏好，也可以用于监测和定位用户路径走向中存在的问题，判断影响转化的主要因素和次要因素，也可以发现某些冷僻的功能点。

3. 用户行为路径分析法的应用场景

确定产品用户从访问到转化 / 流失都经过哪些流程，转化用户与流失用户是否有行为区别，以及用户行为路径是否符合预期。涉及的数据指标有全链路页面级 PV、UV，以及路径流转关系。

以电商为例，买家从登录电商网站到支付成功要经过首页浏览、搜索商品、加入购物车、提交订单、支付订单等过程。而用户真实的选购过程往往是交缠反复的。例如，提交订单后，用户可能会返回首页继续搜索商品，也可能去取消订单，每一条路径背后都有不同的动机。与其他分析模型配合进行深入分析后，能快速找到用户行为动机，从而引领用户走向最优路径或者期望中的路径。图 3-7 所示为电商网站购物流程。

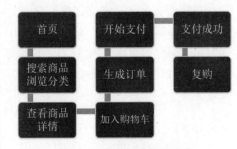

图 3-7　电商网站购物流程

3.3.5 漏斗模型分析法

漏斗模型分析法不仅仅是一个模型，更是一种可以普遍适用的方法论，或者说是一种思维方式。

1. 漏斗模型分析法的含义

漏斗模型分析法全称搜索营销效果转化漏斗，漏斗的五层对应了企业搜索营销的各个环节，反映了从展现、点击、访问、咨询，直到生成订单过程中的客户数量及流失。从最大的展现量到最小的订单量，这个一层层缩小的过程表示不断有客户因为各种原因离开，对企业失去兴趣或放弃购买。图3-8所示为老客户漏斗模型。

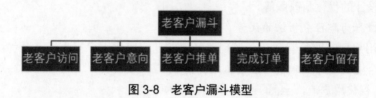

图 3-8　老客户漏斗模型

2. 漏斗模型分析法的优势

对于业务流程相对规范、周期较长、环节较多的流程分析，能够直观地发现和说明问题所在。

（1）企业可以监控用户在各个层级的转化情况，聚焦用户选购全流程中最有效转化路径；同时找到可优化的短板，提升用户体验。

（2）科学的漏斗分析能够展现转化率趋势的曲线，能帮助企业精细地捕捉用户行为变化。提升了转化分析的精度和效率，对选购流程的异常定位和策略调整效果验证有科学指导意义。

（3）不同属性的用户群体漏斗比较，从差异角度窥视优化思路。漏斗对比分析是科学漏斗分析的重要一环。

3. 漏斗模型分析法的应用场景

场景：电商行业不同客户群体的转化情况。

某电商企业根据客户的消费能力，将客户划分为普通会员、黄金会员、钻石会员。为加强对用户的转化引导，欲针对不同用户群体采用不同的运营方式。

若普通会员从"提交订单"到"支付订单"的转化率明显低于钻石会员。为找到"支付订单"阶段转化率变低的原因，运营人员应深度分析普通会员转化率情况，如对比不同付费渠道（PC端、手机端等）的转化情况，找到优化的短板。另外，可以尝试支付订单流程的新手引导，帮助新手顺利完成购买。

✎ **课堂讨论**：查阅相关资料，了解还有哪些用户行为分析模型与方法，并和同学们分享。

3.4 用户运营中行为设计原则

用户运营中行为设计的方式有很多，依据实践经验和教训，其设计原则围绕"以用户为中心，根据用户的需求来制订"的核心主题，并延伸出多种具体的设计原则。

3.4.1 优先分析动机

分析动机包括三个步骤，即明确目标行为、清楚思考顺序、优先分析前两个步骤是优先分析动机的前提。

首先，明确目标行为，即目标行为是具体的，可以实施的。

其次，清楚思考顺序，即动机 > 能力 > 触发。如肚子饿了是前提（动机），其次是有足够的钱（能力），再次身边有餐饮店或者有手机可以点外卖（触发）。顺序如果反了，该行为一定难以完成。

最后，也是最重要的，即优先分析动机，动机是行为的能量源泉。

行为设计者应该顺应用户动机，不要想着去创造动机和改变动机。情感可以影响动机，优秀的产品可以通过影响情感来刺激动机产生行动。比如，旅游看世界，其实是一个被创造的动机。

值得注意的是，每个用户的动机是根据不同的外界环境随时变动的，每月、每周、每天都会不同。例如，我们在年初动机都会比较高，为一年的目标制订各种计划，而在放假前做事的动机就比较低。

3.4.2 注重触发通道和触发时机

触发要和目标用户、目标行为相匹配，巧妙的触发可以让行为发生，合适的时段与合适的内容会促活用户；而拙劣的触发则相反，对用户造成干扰，让用户产生了负面情绪，会导致用户流失。

针对三个区域选择不同的触发策略。

第一，火花。若用户动机不足，可运用让人感到恐惧或者怀有希望的文字、视频来刺激火花。这是一种潜移默化的作用，就像顾客看一个广告，初始顾客可能并不会产生购买行为，但在某一个点，行为就会被触发。例如，突然产生某个需求、激起某个想法等。

第二，促进。促进的目的是让行为更容易发生，在用户拥有较高动机但缺乏能力时，促进的目标是让用户认为行为容易执行，并不需要他们付出资源成本。

第三，信号。信号是提醒作用，动机和能力都充足的情况下，推动用户完成行为操作。

3.4.3 减少用户的行为数量

减少用户的行为数量是维系用户的手段之一。

通常情况下，地图 App 的起始点的默认值是"我的位置"，产品通过给出默认值的形式，省略了用户输入起始地点的行为，而不是每次都让用户手动输入起始地点。当输入地址时，会用下拉列表将搜索结果展现出来，用户不用输入完整的地址字段就可以在下拉列表选择目标地点。

例如，某打车软件的最新版本，可以根据用户的行程记录，预判行程的起始点和终点，也是利用给出预设值的形式来减少用户的行为数量，从而降低操作成本。图 3-9 所示为某打车软件使用界面。

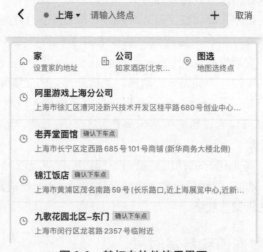

图 3-9　某打车软件使用界面

3.4.4 给行为及时的反馈

交互是人和系统互动的过程，当用户通过点击、滑动、输入等操作方式告诉系统其正在执行的操作时，系统也会通过切换页面、动态 icon、toast 等形式来反馈用户的行为。图 3-10 所示为通过变浅颜色反馈正在点击和通过 toast 反馈网络异常。

（a）　　　　　　　　　　　　　　　（b）

图 3-10　通过变浅颜色反馈正在点击和通过 toast 反馈网络异常

3.4.5 降低行为难度

用选择项代替文本输入，用指纹或面容 ID 代替密码输入，用第三方登录代替注册登录，等等，都是为了降低用户的行为难度，方便达成目标。图 3-11 所示为用面容 ID 代替密码和用滑动代替点击。

（a） （b）

图 3-11 用面容 ID 代替密码和用滑动代替点击

3.4.6 减少用户等待时间

当用户做出某个行为时，总是希望得到及时的回应，若等待时间过长，用户很容易出现焦躁的情绪，从而放弃任务，影响产品的用户体验。但是现实中，由于硬件性能、网络情况、技术原因难免会出现反应时间过长。这个时候可以通过异步处理和预加载的机制去减少等待时间，实在减少不了的，可以用有趣的动画等形式，减少用户等待过程中的负面情绪。图 3-12 所示为预加载界面动画。

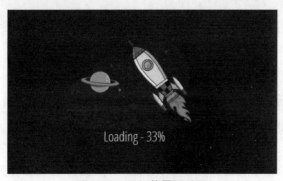

图 3-12 预加载界面动画

3.4.7 不轻易中断用户行为

当用户正在观看短视频时，突然弹出一个临时框，提示软件更新或者让人去 App Store 评价软件，不少人都会抓狂。如果一定要通过临时框提示用户去执行某个操作，一定要选择一个合适的时机。例如，将软件更新的提示放在打开 App 的时候，此时用户并没有开始执行某个任务，所以不存在中断任务流程的说法。当只是提示用户，并不需要用户执行某个操作时，可以用 toast 的形式来代替对话框，既告知了用户也没有中断用户行为。图 3-13 所示为某 App 临时框的打开界面。

图 3-13　某 App 临时框的打开界面

🖌 **课堂讨论**：结合个人体验，你认为就用户运营中行为设计还有哪些可以注意的方向或细节。

3.5　新媒体用户行为案例：微信、微博用户行为差异探析

微信是腾讯公司研发的手机新媒体里的一种社交平台，可以免费发送短信、视频、音频、文字、图片等信息，用户也可以通过"扫一扫"、分享朋友圈等多种方式进行社交活动。

微博，即微型博客，也是一种社交平台。用户可以通过计算机、手机等发布文字、图片和视频内容。值得注意的是，这里所讨论的微博通常是指新浪微博。图 3-14 所示为微信和微博应用图标。

（a）　　　　　　　（b）

图 3-14　微博和微信应用图标

1. 传播对象

微信的传播者和受传播者多以朋友、亲人等熟人为主，属于强人际关系。强人际关系一般发生在具有"正向"关系的人们之间，这种关系包括情感关系、地位关系和利益关系等。亲人、朋友、同事关系是微信最基本的关系网络，一般以互为好友的形式进行沟通交流。

微博以陌生受众为主，属于弱人际关系，互动领域多为公共领域。微博用户不需要形成双向的好友确认关系，因此更具有随意性，这种熟人和陌生人相结合的人际圈子更易于人群的集结，在一定程度上更能拓宽社交范围。

微信是一个社会化的关系网络，是强关系弱媒体平台，"用户关系"是这个网络的纽带，通常是真实的人际关系，属于移动 SNS；微博则是社会化的信息网络，是强媒体弱关系平台，"信息关系"是这个网络的纽带，媒体属性强，影响范围则更广。

2. 传播媒介

微信侧重于人际传播，即一对一或点对点的传播，目标受众更具针对性，其传播方式一般可以分为 3 种：好友间、朋友圈及其他信息接收。好友间传播是通过添加微信好友，进而进行点对点双向传播。传播方和受众方的关系较稳定，多是信息沟通，类似于手机短信。朋友圈传播是微信用户在朋友圈里进行点赞评论，但不能随意转发，因此难以形成大规模的传播。其他信息接收是用户会接收一些来自订阅号或公众号的推送信息，也可随意分享或转发。

微博则更像一个门户网站，是一个完全开放的信息平台，侧重大众传播，即一对一、一对多或多对多的裂变式传播，信息的发布者无法预知信息的发送和接收。微博支持二次转发，可进行大规模传播，且范围广泛。

3. 传播内容

微信多以私密性的个人生活为主，好友基本来源于现实生活中，微信账号绑定手机号码或者 QQ 号码，传播内容具有个人私密性和准实名制的特征。

近年来，微博也提倡并致力于尊重用户隐私，但相较于微信，其仍然属于开放性的扩散传播，传播内容多以公共性的话题为主，传播信息有公开性、随意性等特点。

微信主要是对话、交流与沟通；微博则是快速表达、信息的浏览与传播。

4. 传播效果

微信的社会化效果弱，个人效果强。在信息的传播及评论过程中，互动性强，且有相对熟悉信赖的人参与，大大增强了信息的可信度，意见领袖可能就是现实生活中的某个人。

微博中的传播对象更多是陌生人，传播内容经过大范围转发易在社会上形成舆论压力，在转发或评论过程中，不乏有谣言和灌水现象，可能会混淆是非地传播内容。因此微信的信息可信度高于微博。

微信是精准的人群覆盖，关注者多为高黏性的用户；微博是基于兴趣的关注，黏性则普遍偏低。

5. 传播速度

微信是即时传播，传播者在发布消息后，受众会及时收到信息，并第一时间进行回复。而微博是即时性与延时性并存，博主发布消息后，粉丝可以进行实时查看，也可以延迟阅读。接收者通过主动刷微博接收信息，接收信息的时效性多由接收者掌握。

6. 满足用户心理需求不同

在微博上，用户更具有隐匿性，因为熟人不多，用户更加倾向于表达真实的自我。满足更多的是用户的尊重需要和价值实现需要。而微信因为是熟人关系网络，重在沟通和分享，所以更多的是满足用户的情感和归属的需要。

7. 营销与推广侧重点

微信更多的是强调与用户的互动深度；而微博则强调更长的传播链条、更多的转发、更多的粉丝覆盖。

微信用户间是亲朋好友生活和工作中比较紧密的真实关系；微博用户间是基于兴趣、爱好、行业属性、观点、时间、快餐式交流互相聚集形成的微弱关系，相对比较虚拟。因此，微信粉丝的推广强调线上线下的全线联动；微博则侧重于在微博范围内的聚变式覆盖。

综上所述，相对于传统的单向传播而言，新媒体的多样化信息传播给用户带来了丰富的体验，同时，新媒体用户在使用微信、微博这两大平台时的确体现出了多种行为差异。

课堂讨论：结合个人经历，思考微信和微博为用户带来哪些不同的使用体验。

3.6　本章小结

　　许多新媒体运营商一度信奉"流量为王"，但后来发现流量的来源仍然是内容，于是开始高举"内容为王"的旗帜。但实际上，一个新媒体平台能否运营下去，关键在于它有没有用户。

　　本章通过讲述新媒体用户行为分析概述以及分析指标，进一步阐述用户运营行为设计原则以及用户行为模型分析与方法，全面介绍了用户行为分析的相关知识。

第4章 新媒体用户心理与情绪分析

在用户运营的过程中，拉新、促活、留存的方法论，活动方案和各种文档也都很清晰，内容方向和视觉传达也优化到了最优，可是预期结果还是不理想。这是为什么呢？

究其原因在于，上述工作属于工具和战术的堆积，并没有从源头上驱动用户行为。

面对细分用户，企业需要深入感知用户心理和所处场景的即时情绪，根据心理变化制定运营策略，才能更好地引导用户做决策，达成运营目的。

如果说现在的产品设计大部分仅满足用户物质层面的需求，那么未来的产品工作可能需要往更高阶的层次去迁移。企业只有在真正洞察用户心理并做到感同身受后，才能做出真正动人心魄的产品与内容。

本章聚焦新媒体用户的心理与情绪分析，探究用户驱动心理模型以及设计用户情绪和角色的认知要点，掌握新媒体用户心理与情绪的分析方法，使运营工作更上一层楼。

4.1 新媒体用户心理与情绪分析概述

机械和工具化的拉新、粗暴和规模化的促活都已经过时；如今流行精细化运营，即带着同理心深入了解用户心理，人性化引导用户行为和决策。因此，需要从用户角度出发，探析用户的心理与情绪。

4.1.1 新媒体用户心理与情绪分析的概念

新媒体用户心理与情绪分析就是通过各种方法和手段捕捉用户内心情感方面的信息，并对此进行深度分析，得出用户个人情感差异和内在需求，并以此作为"绘制"产品用户画像的核心，最后借助于这些有价值的用户情感洞察，企业可以进行产品的情感包装、情感促销、情感广告、情感口碑、情感设计等策略，实现产品的各项经营目标。

投射在心理学上指的是个人思想态度、愿望情绪、性格等个体特征不自觉地反应与外界事物和他人的一种心理作用。由于投射的存在，可以从一个人对别人的看法以及自身的兴趣爱好来推测这个人真正的意图或心理特征。图 4-1 所示为拟人化的用户情绪。

图 4-1　拟人化的用户情绪

投射的心理过程是无意识运行的结果，对于投射者来说，这个心理过程的发生是毫无觉知和悄无声息的。个体在选择、关注或喜好某事物时，常常不自觉地将隐藏在内心的冲突和欲望融入这些事物中，借助于事物将其宣泄出来，即把个人的内心世界投射于所参与的事物中。而企业通过对用户的选择、关注或喜好的事物（标签）的分析，从而了解其内心真正的需求。

观察人的思想愿望等，分析其心理特征。知道了用户的心理特征，才能用最有效的方式去打动用户。

课堂讨论：以短视频用户为例，你认为他们有哪些共同的心理或情绪？

4.1.2　用户的情绪及情感

用户的情绪及情感是这里主要探讨的问题。

1. 情绪

情绪，是对一系列主观认知经验的通称，是多种感觉、思想和行为综合产生的心理和生理状态。最普遍、通俗的情绪有喜、怒、哀、惊、恐、爱、恨等，也有一些细腻微妙的情绪，如嫉妒、惭愧、羞耻、自豪等。情绪常和心情、性格、脾气、目的等因素互相作用，也受到荷尔蒙和神经递质影响。无论正面还是负面的情绪，都会引发人们行为的动机。尽管一些情绪引发的行为看上去没有经过思考，但实际上意识是产生情绪重要的一环。

情绪可以被分类为与生俱来的"基本情绪"和后天学习到的"复杂情绪"。基本情绪和原始人类生存息息相关，复杂情绪必须经过人与人之间的交流才能学习到，因此每个人所拥有的复杂情绪数量和对情绪的定义都不一样。

图 4-2 所示为人物表情模拟用户情绪，10 个表情表达了用户不同的情绪，有开心、难过、生气、骄傲等。

1）基本情绪

人一共有 8 种基本情绪，即快乐、愤怒、悲哀、恐惧、期待、信任、惊讶、厌恶。

● 快乐：是指一个人盼望和追求的目的达到后产生的情绪体验。

图 4-2 人物表情模拟用户情绪

- 愤怒：是指所追求的目的受到阻碍、愿望无法达成时产生的情绪体验。
- 悲哀：是指失去心爱的事物或理想、愿望破灭时产生的情绪体验。
- 恐惧：是指企图摆脱和逃避某种危险情境，而又无能为力时产生的情绪体验。
- 期待：表示对未来的未知的某个时刻或者事物产生一种憧憬、向往。
- 信任：一种稳定的信念，维系着社会共享价值和稳定，是个体对他人话语、承诺和声明可信赖的整体期望。
- 惊讶：感到很奇怪、惊异。
- 厌恶：一种反感的情绪，指令人烦恼、惹人心烦。

2）复合情绪

由上述 8 种基本情绪进行组合后又可以产生更多的衍生情绪，即复合情绪。每种情绪还随着感知的程度不同，而有强弱之分。图 4-3 所示为复合情绪生成图。

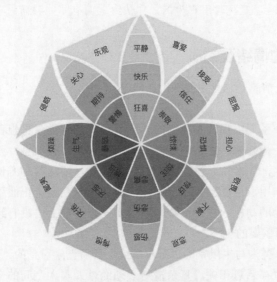

图 4-3 复合情绪生成图

相对基本情绪，复合情绪就非常多了，以下列出 3 种常见的复合情绪供参考。

不安＝恐惧＋担忧，例如，面对未知的传染病，关于发源地、治疗方法等信息都不清楚时，人们会恐惧且担忧，由此陷入不安之中。

烦躁＝累＋厌恶＋恼怒，例如，加班已经非常劳累，回家的路上还遇到了堵车的情况。

羡慕＝喜欢＋占有欲，例如，出了新款游戏机，你很喜欢却买不起，但是看到朋友正在玩这款游戏机，你就会产生羡慕的情绪。

2. 情感

情感是态度这一整体中的一部分，它与态度中的内向感受、意向具有协调一致性，是态度在生理上的一种较复杂而又稳定的生理评价和体验。情感包括道德感和价值感两个方面，具体表现为爱情、幸福、仇恨、厌恶、美感等。

《心理学大辞典》中认为：情感是人对客观事物是否满足自己的需要而产生的态度体验。同时，一般的普通心理学课程中还认为：情绪和情感都是人对客观事物所持的态度体验，只是情绪更倾向于个体基本需求欲望上的态度体验，而情感则更倾向于社会需求欲望上的态度体验。

根据人的需求层次不同，情感可分为温饱类、安全与健康类、人尊与自尊类和自我实现类情感 4 大类。

- 温饱类情感：酸、甜、苦、辣、热、冷、饿、渴、疼、痒、闷等。
- 安全与健康类情感：舒适感、安逸感、快活感、恐惧感、担心感、不安感、安全感等。
- 人尊与自尊类情感：自信感、自爱感、荣誉感、尊佩感、友善感、思念感、自责感、孤独感、受骗感、危机感和受辱感等。
- 自我实现类情感：抱负感、使命感、成就感、超越感、失落感、受挫感、沉沦感等。

在了解情绪和情感的基本知识之后，可以进一步研究如何通过调动人们的情绪来逐渐增强产品情感化体验。

✎ 课堂讨论：列举你知道的其他复合情绪或情感，并结合场景进行阐述。

4.2　用户驱动心理模型

想成为一名出色的新媒体运营人员，了解一些用户现象是大有裨益的。本节主要聚焦 8 种用户驱动心理模型，包括利益驱动模型、求助双赢模型、内容驱动模型、表现欲模型、沉没成本模型、好奇心驱动模型、"攀比"驱动模型和负面情绪驱动模型。

4.2.1　利益驱动模型

利益驱动是指利益主体对自身利益的追求而表现出的行为倾向与趋势，并形成为达到其目标的行为动力，这是人的一种最基本的动力源泉。

利益驱动是产品中比较常见的模型，一般来说，利益驱动有以下 3 种类型。

1. 分享获奖励类型

当用户完成分享时，用户即可获得奖励。奖励一般是小额现金或虚拟货币或线下实体奖品。如今在互联网产品中用得比较多的就是分享给好友，好友进行相关操作后可获得奖品，自身也可以得到相关奖励或抽奖资格。

2. BUG营销类型

BUG营销是利用用户爱占便宜的心理，有意或无意地让商品价格远远低于原价或市场价，让用户有占便宜的感觉，赶紧去进行分享，以此形成传播，让用户呼朋引伴地带来大量用户来"薅羊毛"。

3. 损失厌恶类型

损失厌恶是指当用户进入产品之后，先让你获得红包，但要去分享才能兑现或让红包变大，而这时大多数用户可能并不愿意失去"到手"的红包，因此就会自然而然的去分享。

4.2.2　求助双赢模型

这类模型比较常见的就是砍价、拼团、人脉传播，通过用户去让好友互相合作完成相关操作，之后再给予用户奖励或优惠，如拼多多等社交电商大都有如此促销手段。

"相互帮助"的社会现象溯源可至人类原始社会。当时人们生产力低下，需要相互协作才能存活下来，故此逐渐形成人类特有的社群互助文化，而人们内心的归属感、"互惠互利"的文化习惯也是源于此。

求助双赢模型的内核其实是"利他"，通过"人情"这种特殊的介质完成了"利益债务"的使命。现在你帮助我，以后我帮助你，人之常情。

"利他"分享其实也非常多见，尤其体现在与"安全"相关的负面消息层面。例如，一些新的诈骗方式、查出对身体健康有问题的大众消费品、不健康的食物等，人们往往会第一时间"广而告之"。又或者有一些优质产品的促销信息，可能与用户本人无关，但与用户的亲朋好友有关，用户也会记住并分享给对方。

课堂讨论：用户在求助双赢模型中的"利他"环节，其行为会有哪些风险？

4.2.3　内容驱动模型

内容驱动是指通过产品的本身内容去促使用户主动传播分享，达到更广的传播力度。

一般而言，内容驱动模型具有以下关键词。

1. 时事热点

例如，世界杯法国夺冠华帝退款、中美贸易战等时事热点，这样的事件型内容很容易让用户群主动传播。

2. 争议性的话题

很多人喜欢看热闹，也喜欢参与进去，而有争议的内容，可以让部分群体或整个社会参与讨论。

3. 引人共鸣的内容

即让部分用户对内容产生情感上的共鸣，这个情感可以是开心的，也可以是伤感的，无奈的。

4. 提升用户形象的内容

这种内容可以是对用户有实际用途的，或者可以让用户在社交圈中树立正面形象的内容，比如公益或高大上的内容。

5. 节约用户时间或提高用户决策的内容

比如一分钟教用户一个小知识或者小技巧，其实就是在降低用户的时间成本，或者通过测评，可以缩短用户购买前的决策时间。

6. 新奇特的内容

比如技术流或者新奇有特点的内容。

以短视频平台为例，虽然该新媒体内容形式通常以娱乐放松为主，但也有很多用户是用来学习的，希望通过观看视频来获得新知和资讯。所以短视频的内容需要给用户营造一种"获得感"，让他们觉得看完视频之后，会有收获。

可以在视频中，提供信息（有用的资讯、有价值的知识、有用的技巧）、讲述观点（观点评论、人生哲理、科学真知、生活感悟），很多人还是非常感兴趣的。很多垂直类的账号，都因为契合了用户的获得感心理，而收获了众多的精准粉丝。

案例　**如何制作一款能使用户产生共鸣感的短视频**

以"共鸣感"为例，如何制作一款能使用户产生共鸣感的短视频呢？

首先，共鸣分为正向共鸣和反向共鸣。

正向共鸣是指别人对你的认同，让用户一看就觉得"你说得对"，让用户感觉特别"爽"，让用户觉得你讲出了他们的心声；反向共鸣是别人对你的不认同，觉得你说的没有道理，让用户感觉和他们的想法背道而驰。

用户的认同会带来身份价值的体现，是"共鸣点"；不认同会带来争论，引起吐槽，是"槽点"。两者都容易引发粉丝的热议，从而带动话题，产生爆款的概率更大。

例如，情感类短视频往往就是正向共鸣的案例，视频内容讲述了分手后男女的心态心理、生活状态，看完之后，一些用户觉得这就是在说自己。

视频中男女说出了自己分手后的辛酸，分享了分手后那些艰辛的日子。许多用户听完之后，觉得视频内容说得很对，心理产生了认同感；甚至有些短视频在让人产生认同的同时，还会戳中人们的泪点，让人不由自主地流下眼泪。

课堂讨论：结合个人体验，谈谈什么样的内容更能打动你。

4.2.4 表现欲模型

用户主动在朋友圈分享的一个诱因就是希望在朋友面前展示自己的某一面，比如自律、幽默或其他个性的一面。若产品可以满足用户的这个心理，用户自然而然地就愿意去主动分享，这时产品也就随之传播开了。

以表现欲模型中的"炫耀"心理为例，进行详细阐述。

炫耀是指从各方面（多指金钱、权力、地位等）特意强调自己（略带夸大自己，看轻别人的意思），泛指夸耀，亦指刻意向他人展现自己认可的事物，从而获得别人的赞美与羡慕。这种心理通常追求的都是"面子"，以此给炫耀的人带来荣耀感和心理上的满足。例如，外出旅行住了豪华酒店，要拍照发朋友圈；买了昂贵的奢侈品，要拍照发在自己的社交网站中。

炫耀用户的心理特征是为了满足自己的虚荣心，以获得他人的认同感。

值得注意的是，无论是炫耀自身财富、生活品质、人设形象等，都是渴望在他人处博得面子、形象、尊严等，对自己表示某种程度上的肯定。

企业可以利用用户的炫耀心理，即产品包含独特的价值点，刺激用户去分享。其中，价值点的选取非常广泛，即任何商品、服务、功能等，背后都可以代表某种社会价值点，利用该价值点去渲染用户的形象，能起到很好的传播效果。

案例 腾讯公益活动——"小朋友画廊"刷爆朋友圈

2017年8月29日上午，腾讯公益"小朋友画廊"刷爆朋友圈，数幅色彩斑斓充满童心与想象力的画作激发着人们的爱心与善意。参与者只需支付1元便可买下爱心画作，每幅画作都配有小朋友的语音及文案，画作可以保存到手机做屏保。许多用户购买画作之后，将作品分享至朋友圈中，由此吸引了更多人前去购买或募捐，一时间每个人的朋友圈都充斥着各种各样的画作，每一幅作品都描述了自己的内心世界，丰富多彩，童趣横生。

截至2017年8月29日14：30，活动已募集到超过1500万元善款，共有580多万人参与募捐。这样的公益，最好的地方是，它试图把人们从高高在上的、泛滥的同情心理解放出来。从垂怜、关爱变为欣赏，他们赢得了真正的尊重。有人喜欢他们，看到他们在语言之外和世界交流的方式。他们只是不一样，不是人们想象中的"病人"。

该事件正是利用了用户的"炫耀"心理，但是属于正向的心理，即奉献爱心等。

图4-4所示为朋友圈的分享和"小朋友画廊"的活动与募捐界面。

（a）　　　　　　　　　　　　（b）

图 4-4　朋友圈的分享和"小朋友画廊"的活动与募捐界面

4.2.5　沉没成本模型

沉没成本，又称沉淀成本或既定成本，是经济学和商业决策制定过程中，会用到的概念，代指已经付出且不可收回的成本。沉没成本常用来和可变成本作比较，可变成本可以被改变，而沉没成本则不能被改变。在微观经济学理论中，做决策时仅需要考虑可变成本。如果同时考虑沉没成本（这被微观经济学理论认为是错误的"来源请求"），那么结论就不是纯粹基于事物的价值作出的。

一般来说，人们把已经发生不可收回的支出，如时间、金钱、精力等称为沉没成本。人们在决定是否去做一件事情的时候，不仅是看这件事对自己有没有好处，而且也看过去是不是已经在这件事情上有过投入。比如，当用户玩游戏突然结束了的时候，有个弹窗分享即可有复活机会，那么这时为了不让前面的努力白费，大部分用户都选择分享。

> **案例**　　某电商平台的"天天领现金"活动

某电商平台有一个"天天领现金"的活动，指用户可以通过让自己的朋友帮自己点击以获得一定的红包，达到 100 元时可以提现。但是，如果 24 小时内没有达到这个金额，之前所获得的金额将作废。不过没关系，第二天用户可以继续参加这个活动。

通常情况下，用户自己领取到的红包为 90 多元，即再获得 10 多元就可以提现了。

于是用户会分享给自己的好友，让他们帮忙点击获取红包。每个人累积的红包数额是随机的，有些人只有几分钱，有些人有一块钱。该活动是真实有效的，身边的朋友会不断告诉你他们已经成功。由此可见，只要好友足够多，就能提现。于是很多人把许久没有联系过的好友都联系了，只是为了让其帮忙点击一下。

但是越到后面，好友点击帮助获得的红包金额越少，可时间有限，用户不得不去找更多的好友帮助自己点击。随着时间越剩越少，金额也越来越少，用户会非常急迫。

那么，有人会问，用户为何不放弃呢？

原因是用户前期投入的成本太多，欠下了人情，大多数用户不愿意就此放弃，只得绞尽脑汁联系更多的朋友。

有紧迫的时间，有高额的初始金额，随机的多变酬赏，还有过期作废的厌恶损失的心理，更有投入大量的时间去拉人分享，这些都让人欲罢不能。

特别是投入，人们看到自己投入这么多时间和精力，越到后面，离成功越来越近，就更不愿意放弃。所以持续地分享、拉人，最后达到目标。

图 4-5 所示为用户拆开红包界面与 100 元提现界面。

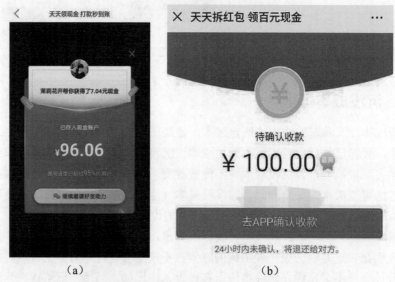

（a）　　　　　　　　　　　（b）

图 4-5　用户拆开红包界面与 100 元提现界面

4.2.6　好奇心驱动模型

人们对未知的事情总是抱有好奇之心，只要这个"一探究竟"的成本在自己可承受的范围内，大多数人都愿意付出成本，以解开心中的好奇之意。比如用户在玩抽奖送神秘大礼的游戏时，被要求分享到朋友圈，这时大部分人都是愿意去分享的。

以好奇心驱动模型中的求异心理为例，进行详细分析。

求异心理的主要特征就是"与众不同，标新立异"，这是一种与求实相反的心理，是追求一种与社会流行不同的消费倾向。

求异心理重点在于求异，也就是与众不同，对消费商品的价值没有规定，侧重于个性的表现，例如曾经的非主流文化、杀马特造型等。

求异心理有利有弊，可以推动新的产品、服务、技术出现，也会因为要面对社会主流，付出一定的代价。

　　针对用户的求异心理，应该重点关注产品的与众不同，不需要过多考虑实用性。拥有求异心理的用户，往往优先关注产品是否与众不同、是否具备新鲜感；其次再考虑产品的实用性，是一种偏感性的消费心理。

案例　**某运动品牌推出限量球鞋，市场火爆，一双难求**

　　某运动品牌利用用户的求异心理，推出各种限量款球鞋，引得消费者争相购买，市场火爆，一双难求。同时，该品牌又开展饥饿营销，即减少配货量，使球鞋成为投机商品。因为一旦买到，就是成倍的利润，为此品牌方还设置了摇号买鞋。

　　该品牌经典款运动鞋与某韩国明星合作，鞋子还没有正式发售就已经炒到将近4000元，重点是粉丝都在求代购，但是真的买不到。这双合作款运动鞋独特的点在于"刮刮乐"鞋面，就是鞋面表层会随着走路、跳跃而脱落成斑驳的样子，意在体现每双鞋都是独一无二的，非常与众不同。

　　图 4-6 所示为某限量款球鞋。

图 4-6　某限量款球鞋

4.2.7　"攀比"驱动模型

　　攀比心理是消费心理的一种，即脱离自己实际收入水平而盲目攀高的消费心理。在正常情况下，消费者满足自己消费需要的程度，取决于他们的经济收入水平。但有时由于受一定时期社会消费水平日渐增高、"大款"人物高消费的示范效应及消费者本人"面子消费"心理的影响，消费者的消费行为互相激活，导致互相攀比。这种心理极易造成追逐消费热点、负债超前消费乃至抢购等怪现象，将消费行为导入误区。

　　每个人或多或少都有一些攀比和竞争的心态，而 PK 就是利用了这一心态。其中，游戏产品或问答类产品中的"挑战好友""打擂排行"等模式就是典型，PK 模型增加了游戏的竞争感，而且每一次挑战可能都是一次分享。

心理学界曾做过一个典型的实验,让受测者选择两份工作,A工作年薪5万美元、B工作年薪10万美元。毫无疑问,人们会选择后者。但是,心理学家在进行测验时加了一个前提条件,A工作群体的平均年薪是2万美元,而B工作群体的平均年薪是20万美元,然后再让受测者进行选择。以旁人的视角来看,大家是否认为受测者还是会选择B工作呢?但是,测量结果如下:绝大部分受测者选择A工作。这是人们攀比心理的一个典型表现,有句俗话说,幸福往往是比出来的。没有人愿意自己过得比周边的人差,都希望身边的人能够羡慕自己。

故此,如果企业的产品(或内容)能够让用户觉得自己居于平均水平之上,他们是非常乐意将信息分享出去的。我们可以看到众多的产品,例如,抖音短视频内给用户的照片颜值打分,当它显示出分数后,还要强调一句诸如"打败了90%的用户",就是为了刺激人们的攀比心理进而分享出去。

4.2.8 负面情绪驱动模型

负面情绪有很多种类,这种情绪给人们带来了不好的体验,但同时也会影响用户的心理。

以焦虑与恐惧这两种负面心理为例,具体讲解负面情绪如何驱动用户心理。

人们的焦虑心理不会平白无故就会出现的,通常表现为两个特点:预设的目标未达成和对未来感到未知、无法掌握。

随着焦虑的情绪越来越大,就有可能达到恐惧心理。

这一类用户主要的表现特征为越是不能控制的,用户心里就越是不安。人都试图在任何事物中,寻求更多的可控性,失去对事物的掌控,往往会让用户变得无助、急躁。

现实中,企业可以利用用户的焦虑和恐惧心理,制造"压迫感"对产品进行宣传,包括身体健康、学历成绩、职场压力、家庭和谐等,由此与用户发生情感共鸣,即说到用户的心坎上。例如,某商家宣传生活中的危险和疾病的危害,让消费者感到焦虑恐怖,以此推销自己的产品。

案例 知识付费领域营销,抓住用户的焦虑心理

知识付费领域的营销工作,常常会抓住用户的焦虑心理。这种焦虑点在于,信息大爆炸的时代下,人们都渴望学到精准、有用的知识,以此改变自己,从而获得成功。

由此可见,许多付费课程营销中的表述都非常迎合受众的需求。

以标题为例,《你最该掌握的12种职场技巧》《学了这门课,80%的人都实现了财富自由》《2020年有10万人因为这堂课程改变了自己》,等等,每次看到这种标题,都不禁引起人们强烈的共鸣,渴望成功、渴望改变命运的人们瞬间热血沸腾,来不及多想就赶紧购买课程。只有走在通往成功的学习之路上,焦虑感才能有所缓解。

课堂讨论：还有哪些负面情绪可以驱动用户心理？请举例说明。

4.3　设计用户情绪和决策的认知要点

在营销推广活动中，把握住消费者的心理，合理地运用一些营销方法进行活动运营可以有效地增加用户留存率。

关于设计用户情绪和决策，这 7 个认知要点需牢记。

4.3.1　傻智兼容

功能设计和引导上做"傻子"，用户沟通上当智者。

做"傻子"不是去欺骗客户，而是去解放客户。让用户减少学习成本，让用户容易上手，功能简化，清晰直白不绕弯子。

比如，有人以为很简单的事情，在其他人眼里可能是个巨大困难；所以，在产品设计和运营动作上，一定要把用户当"傻子"，最大限度地降低用户的决策和思考时间；在设计活动时一定要把用户当精明的智者，因为他们会比价，会整体评估综合考虑后做决策。

例如，抖音短视频平台就将拍摄、剪辑和发布的功能融合在一起，即用户可以使用抖音 App 拍摄、剪辑并发布短视频，一条龙完成内容生产，而不像传统视频创作流程，先使用相机拍摄素材，再将素材导入电脑剪辑软件中进行后期制作，最后上传至网络平台。

4.3.2　拒绝思考

拒绝思考不是不会思考，而是不想思考，不愿意思考。

以懒惰心理为例，进行详细讲解。

懒惰指偷懒、不喜欢费体力或脑力、不勤快。每个人都会有懒惰心理，无论男女老少，在生活中随处可见，小到不想去做家务，大到一个人不求上进。因此，生活中出现了许多服务懒惰心理的商品和服务，如扫地机器人、外卖、网购等，为用户提供了更便捷的衣食住行服务。

"懒惰"用户的心理特征集中表现为享乐、推脱、缺乏意志力、拖延症。

- 享乐：只想停留在一个安逸的环境里，无动力和兴趣去接受新事物。
- 推脱：总想着即使自己不做，总会有人做的。
- 缺乏意志力：在某方面能力不如别人时，心理上有落差感，慢慢地开始颓废自己。
- 拖延症：长期的懒惰，就会慢慢造成拖延症。例如，假期内的作业，一直不去写，拖到该交作业时才急急忙忙去做。

企业可以利用用户的懒惰心理，打造便捷性产品，不仅仅体现在用户操作的行为便捷上，而且还要强调为用户带来变化与影像。

案例 **美团外卖：为用户提供更便捷的服务**

美团外卖是美团旗下网上订餐平台，于 2013 年 11 月正式上线，总部位于北京。

美团外卖用户数达 2.5 亿，合作商户数超过 200 万家，活跃配送骑手超过 50 万名，覆盖城市超过 1300 个，日完成订单 2100 万单。

美团外卖提供的服务如下：

附近美食，全国各地特色美食；

全新支持，超市百货药品下单；

简单订餐，手机下单快速方便；

品质外卖，品牌餐厅干净放心；

在线支付，在线支付优惠更多。

美团外卖的实质是帮助用户提供更加便捷的服务，并已经使"外卖"成为了人们新的生活方式，这种便捷体现在以下四个地方：

省时：节约时间成本，特别是等待就餐的时间；

省钱：价格优惠，折扣多，常常有红包、满减活动等；

省力：遇到下雨、下雪等极端天气，可以足不出户享受美味；

省心：向用户提供丰富的就餐选择，商家、物流、配送服务质量有保证。

图 4-7 所示为美团外卖的宣传海报，强调该产品"送啥都快"。

图 4-7　美团外卖的宣传海报

4.3.3　损失厌恶

损失厌恶是指人们面对同样数量的收益和损失时，认为损失更加令他们难以忍受。同量的损失带来的负效用为同量收益的正效用的 2.5 倍。损失厌恶反映了人们的风险偏好并不是一致的，当涉及的是收益时，人们表现为风险厌恶；当涉及的是损失时，人们则表现为风险寻求。例如，据相关实验显示，许多人宁愿选择无风险，即 100% 的概率获得 1 万元，而不会选择有 80% 的机会赢得 2 万元的赌博。

大部分人在做决策时会陷入沉没成本里，而影响到下一步的决策。同样价目，给用户带来的心理体验却不同，这是心理学上的损失厌恶。

案例　购物节抓住用户损失厌恶的心理，销售额年年刷新

国人熟知的各种购物节活动，如淘宝平台的"双 11"活动，京东的"618"活动，都是以用户的损失厌恶心理为基础搭建。

首先，用户会认为，能在这种购物狂欢节之中购买到如此实惠的商品，应该牢牢抓住机会，不论是熬夜还是拼单，一定要买到。甚至一些不是很需要的商品，也会因为划算的价格，在狂欢购物节中被用户购买。一些用户甚至称其为"不买就是赔钱"！

其次，用户认为，这种购物节一年只有一次，错过这个机会就要再等一年，如此实惠的商品就要等到明年才可以买了。

正因为上述用户这种损失厌恶的心理，各种购物节的数据总是年年刷新着记录。图 4-8 所示为"双 11"和京东"618"购物节的宣传海报。

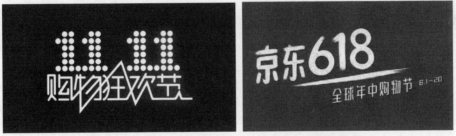

图 4-8　"双 11"和京东"618"购物节的宣传海报

4.3.4　晕轮效应

晕轮效应是指人们对他人的认知判断首先主要是根据个人的好恶得出的，然后再从这个判断推论出认知对象的其他品质的现象。如果认知对象被标明是"好"的，他就会被"好"的光环笼罩着，并被赋予一切好的品质；如果认知对象被标明是"坏"的，他就会被"坏"的光环笼罩着，他所有的品质都会被认为是坏的。晕轮效应是在人际相互作用过程中形成的一种夸大的社会现象，正如日、月的光辉，在云雾的作用下扩大到四周，形成一种光环作用。常表现在一个人对另一个人的最初印象决定了他的总体看法，而看不准对方的真实品质。有时候晕轮效应会对人际关系产生积极作用，比如你对人诚恳，那么即便你能力较差，别人对你也会非常信任，因为对方只看见你的诚恳。而晕轮效应的最大弊端就在于以偏概全。

在人际交往中，人身上表现出的某一方面的特征，掩盖了其他特征，从而造成人际认知的障碍。

不只是人，物也一样，人们很容易惯性认知；比如，某平台已经是一个市值

2100 亿美元的电商公司，很多人还是认为该平台只有假货，平台质量差等。许多人不关注数据，而仅凭主观印象去判断和决策，这是心理学上的晕轮效应。

例如，现在许多直播间都喜欢邀请明星、网络红人或者其他权威人士加入，和主播一起进行直播带货活动，这种行为从本质上来说，就是利用了用户的晕轮效应。某些用户正是因为喜爱明星或者网络红人，又或者被权威人士的专业性所折服，进而爱屋及乌认为他们介绍推荐的产品都是好的产品，一定要跟着他们进行购物。

4.3.5　锚定效应

锚定效应，又称沉锚效应，心理学名词，指的是人们在对某人某事做出判断时，易受第一印象或第一信息支配，就像沉入海底的锚一样把人们的思想固定在某处。作为一种心理现象，沉锚效应普遍存在于生活的方方面面。第一印象和先入为主是其在社会生活中的表现形式。

人们为不熟悉的事物评估价值时，会把熟悉的类似事物或不久前接触的无关事物当作锚来评估这个不熟悉事物的价值。

换言之，人们对价格没有认知，不知道一个东西到底值多少钱，就会寻找参照的价格，哪怕这个参照数值毫无道理，这个参照的价值就像锚一样制约着人们的决策。

现在，电商直播间中的主播们，常常利用锚定效应推进用户情绪并产生购买决策。通俗来说，这是一种做类比的讲解手法，简单、快速、有效地让客户知道自己产品的特色。比如推荐某款高端产品时，可以说"这就是×××中的爱马仕"，观众轻易就了解到这款产品处于同类产品的高端位置。

一个基准点能帮助用户决策，标杆和参考很重要，人类的主观感受主要来自对比，这是心理学上的锚定效应。

4.3.6　心理账户

心理账户是芝加哥大学行为科学教授理查德·塞勒（Richard Thaler）提出的概念。心理账户是行为经济学中的一个重要概念。由于消费者心理账户的存在，个体在做决策时往往会违背一些简单的经济运算法则，从而做出许多非理性的消费行为。

举个例子，如果您打算去观看一场话剧，票价是 180 元。在出发时，您发现最近买的价值 180 元的项链弄丢了。那么，您是否还会去看这场话剧呢？

据实验数据表明，大部分人仍然会照常前去观看话剧。假如把情况改编为您花了 180 元买了一张话剧门票，在出发前，突然发现门票弄丢了。如果您还想要看话剧，就必须再花 180 元买张门票，您是否还会去？

结果不难想象，大部分人都会选择不去了。

可仔细想一想，上面这两个回答其实是自相矛盾的。不管丢的是项链还是话剧门票，都是丢失了价值 180 元的东西，从损失的金钱数额上看，并没有区别。之所以出现上面两种不同的结果，其原因就是大多数人的心理账户的问题。

人们在脑海中，把项链和话剧门票归到了不同的账户中，所以丢失了项链通常不会影响话剧门票所在账户的预算和支出，大部分人仍旧选择去看话剧。但是丢了的话剧门票和后来需要再买的门票都被归入同一个账户，所以看上去就好像是花 360元看一场本来只有 180 元的话剧了。人们当然觉得这样不划算了。

心理账户是人会在心里主观对钱进行分类，什么钱该花、什么钱不该花、什么钱该花多少都有一个标准。

如何反向设计应用心理账户，帮助用户决策呢？

答案只有一个：心理账户和场景是分不开的。

在电商直播活动中，讲场景是描述一个商品使用的场景，把客户的思维带入这个场景中，让客户觉得在那种情况下，有这个商品就会很方便。

例如，某知名主播在售卖口红时，通常会说："这个枫叶红色真是太好看了，特别适合秋冬天试用。想象一下，铺着落叶的街道，身着长款风衣，穿着高跟鞋，再涂上这个颜色的口红，你一定是最靓的人。"通过讲述的场景，调动了客户的想象力，促成最后的转化下单。

4.3.7　适应性偏见

适应性偏见，就是人们对好的、坏的环境，最终都能适应的强大的行为心理。一个人对任何一件事，有了之后就会习惯。

好东西久了，也会习惯，坏东西久了，也会习惯，这是人性。这就是公司给员工发放福利时，多次小额比单次高价值更能让人产生幸福感。

一个人的喜好、兴趣和对事物的态度会随着拥有的时间而发生态度的变化。

如同样的产品不断升级包装、口味、规格等，给用户营造出一种新的感觉；又如汽车、手机、互联网产品在不停地更新和迭代，不断地出新的功能和新的刺激点，就是满足用户的适应性偏见认知；再如，App 不断更新版本，一些新功能爆出后常常在互联网上被疯狂传播，也能很好地印证这个观点。

4.4　用户心理与情绪模型案例分析

新媒体用户的心理和情绪影响着新媒体运营工作，下面结合具体的案例，分析相关产品是如何通过把握用户情绪和心理，进而获得成功的。

4.4.1　案例一：不到百元的机票盲盒，引爆新媒体平台

随着国内疫情逐渐稳定，且越来越多的人接种了疫苗，国内旅游行业也慢慢回暖。不少航空公司和平台都推出了旅游盲盒。一张机票不足百元，通常定价为 98 元或 99

元，时间不定，地点不定，来一场说走就走的旅行。

新媒体平台上，有关"机票盲盒"的话题播放量、转发量惊人，机票盲盒的玩法火遍全网。

图 4-9 所示为机票盲盒宣传海报和购买界面。

（a）　　　　　　　　　　　　　　　　　　　　　（b）

图 4-9　机票盲盒宣传海报和购买界面

1. 背景条件

机票盲盒火爆全网，得益于用户需求和内在逻辑两个背景条件。

1）用户需求

随着国内疫情稳定，国家组织推进人们全面接种新冠疫苗，病毒已经不会让公众感到焦虑和恐惧了。由此，在家中憋闷了许多的人们，想去旅游的人数大幅度上涨，进而导致机票纷纷涨价脱销。

2）内在逻辑

机票虽然在业务形态不同于玩具盲盒，但从本质出发，其内在逻辑确实是一样的，即消费用户的猎奇心以及对未知的期待。

打开盲盒，是一个以小博大的过程。尤其对于机票来说，不足百元的价格相较于平日里的购票平台机票价格，已经是非常划算的了，甚至可以称之为"白菜价"。除此之外，盲盒机票的规则中，还包含了"不用可退"的内容，这无疑是为盲盒机票套上了一层保险。

作为用户，如果机票价格、时间、地点等都在合理范围之内，则可以出行旅游；若是不合理，则可以退票。

2. 火爆原因

盲盒机票的大获成功有很多因素，在此，主要从用户的心理和情绪角度分析其中的原因。

1）简化用户购买流程

盲盒机票活动从最初的需要 5 位好友助力购买，再到需要 3 位好友助力购买，再到最后的隐藏好友助力，其本质是活动的参与门槛在不断地降低，目的就是为了让更多大众参与到本次活动中来。

2）把握用户的心理

盲盒机票快速传播并达到火爆的原因之一就是把握了用户心态。

人们都是社交动物，每一个人都有从他人身上获取情绪的需求，同程就牢牢地把握了这一点，借助新媒体平台（抖音、微博等），通过"# 机票盲盒 #"的话题，引发用户的一个攀比心理，进而前往参与。其实，用户无论是抽到同省飞同省的机票或者飞三亚、重庆这类受欢迎的目的地机票，都会引发他们吐槽或者炫耀的情绪。这种情绪会促使用户群体在社交平台上发表自己的看法。

图 4-10 所示为微博和抖音平台有关"机票盲盒"的话题（部分），可见部分话题有超过 6 亿的播放量，近 1 亿的阅读量。

图 4-10　微博和抖音平台有关"机票盲盒"的话题（部分）

4.4.2　案例二：15 秒短视频——从好奇心走向"建立期待"

抖音、快手平台火爆，短视频作为新媒体新生力量的同时也成为了中坚力量，短短 15 秒的时间，究竟是什么让用户欲罢不能？下面我们从新媒体用户的心理和情绪分析短视频火爆的原因。

汤姆·冈宁所提到的影像本质——奇观，源自观众对影像的好奇心理，进而提供快感。所以在影像体验中，观众的心理机制是第一步，也可以解释为行为动机，即好奇心，这是一种令人兴奋的体验，如电影诞生初期，人们观看电影的动机并非电影内容而是电影本身，其作为"一种吸引人的节目出现在杂耍节目单中"。

同样，推动短视频快速发展的第一个吸引力要素依旧是观众的好奇心理，只不过在短视频领域，这种吸引力演化为"建立期待"的心理机制。所谓"建立期待"是指观众在打开短视频的一瞬间，其传达出的画面、音乐乃至文案内容，都会为观众"看下去"的行为进行助力并建立期待，同时在短时间内满足这种期待，也成为观众热衷的目的。

以抖音为例，其15秒的视频时间规定，很大程度限制了画面内容，尤其是对于故事情节的表达。因此在营销学领域内，对抖音短视频制作模式有"1-3-5-9"注意力吸引原则之说，即"第1秒为特色展示、第3秒点明主题、第5秒重点发挥以及第9秒完成引导"，4个节点又可以拆解为4个部分。

第一阶段：在完全未知中建立"视频"期待

第一阶段处在点开短视频到视频的第1秒，完全未知环境中的观众对短视频内容不可预测或是略有猜测而建立期待，就如同在抖音首页界面进行手指下滑操作，观众永远都不知道会面对何种影像内容，这种"期待建设"又可以称为间歇性变量奖励。

第二阶段：在初步接触信息中建立对"主题"期待

第二阶段处于第1秒到第3秒之间，在这个阶段，短视频需要向观众明确传达自己的主题进而确保不被"划走"，短视频这种"自保意识"也正是来自观众的"期待建设"——需要得到实质的内容反馈。

第三阶段：在观看体验中建立"中心"期待

第三阶段是第3秒到第5秒的时间，也是抖音短视频的黄金时间，观众需要得到整个视频的核心或是重点内容，集中注意力满足该15秒内最大的期待。

第四阶段：在观看尾声建立"整合"或"导向"期待

第四阶段则是第9秒到视频结束，观看过程中第10秒左右观众的注意力开始发散，所以使用"总结""升华""拓展"等的方式为15秒体验画上句号通常是短视频制作的最佳选择。

上述阶段性期待的建立，很大程度上脱离了对"叙事"的期待，原因来自叙事核心的蒙太奇表达很难在几秒钟的时间内完成表达，同时这种期待的"吸引力"远超过了视频本身——有时驱使人们行动的并非酬赏本身，而是渴望酬赏时产生的迫切需要。

📌 **课堂讨论：** 结合上述案例进行思考，在1分钟、3分钟的短视频中，用户心理同上述的"从好奇心走向'建立期待'"一样吗？如果不一样，具体表现在哪里？

4.5 本章小结

本章学习新媒体用户心理与情绪分析的相关基础知识，掌握用户驱动心理模型以及设计用户情绪和决策的认知要点。通过讲解一些比较好理解且常见的一些用户心理现象或者说用户心理特征，让大家进一步掌握新媒体运营的技巧与技能。

第5章 新媒体用户运营的
内容与要素

有一个有趣的现象，不少企业的新媒体部门都有一个相似的规定：新员工在入职后，必须先做与用户相关的工作（如网店客服、微信公众号后台互动、用户社群沟通等），再上任其本职岗位。

这是为什么呢？

其实不难理解，新媒体相关工作中，不论是产品开发还是活动设计，又或者是内容策划，都需要围绕用户，用户是一切工作的根本。如果不重视用户运营，新媒体就会出现事倍功半的运营结果——面向大量不精准的用户开展新媒体工作，造成资金与精力浪费，最终降低了转化率、曝光量等数据。

在新媒体时代，内容传播方式发生了翻天覆地的变化，即内容从单向变为双向传播。一篇文章或一条短视频发布之后，用户是否喜欢，有什么反应，都会以评论、点赞等形式反馈给作者。因此，企业要多去了解用户，制造用户喜欢的话题或内容，这就是用户运营工作。

本章从用户运营的角度出发，主要讲述新媒体用户运营的内容和要素。

5.1 新媒体用户运营的基本概念

时下，用户运营越来越重要，新媒体营销领域中，风生水起的品牌无一不是用户运营的高手。那么，用户运营究竟是什么呢？

5.1.1 新媒体用户运营的概念

用户运营指的是以用户为中心搭建用户体系、开发需求产品、策划相关活动与内容，同时严格控制实施过程与结果，最终达到甚至超出用户预期，进而实现企业新媒体运营目标。新媒体运营，用户是核心。

用户运营的过程中包含4个主要环节。

1. 找到用户在哪

通过完成用户画像、用户调查和用户需求分析等工作，进一步理解用户及找到用户。

2. 以能接受的成本拉来用户，让他们使用产品

市场投放、渠道拓展、商务合作、内容编辑、社会化媒体策划活动等，都是为了达到这个目的。

3. 让用户持续使用产品

通过用户运营和社群运营鼓励用户使用产品，维持用户的活跃度。

4. 在用户不使用产品时保持联系

可以采用的办法包括但不限于：召回、反馈、与别的产品进行商务合作等。

5.1.2 新媒体用户运营的考核指标

新媒体用户运营的考核指标大致可以分为 5 种。

1. 内容数量

内容数量中的"内容"包括推文、视频等新媒体内容形式，参考指标包括但不限于以下几种：

- 每周推送多少篇原创文章 / 每周推送多少个原创视频？
- 每周推送多少篇非原创文章 / 每周推送多少个非原创视频？
- 每篇文章多少字数 / 每个视频的市场？

以内容发布数量为指标进行考核，这是最基础的考核指标。

2. 阅读量/浏览量/点击量

微信公众号的阅读量、微博的浏览量、视频的点击量等，都属于这一指标的范畴，其实质上是指用户对于新媒体内容的行为流量。

小到观察一天的阅读量 / 浏览量 / 点击量，大到观察月总阅读量 / 浏览量 / 点击量，与上月相比是否呈上升趋势？与前一年同期相比是否呈上升趋势？

如果阅读量 / 浏览量 / 点击量没有上升，就应该着手寻找原因，解决问题。

3. 涨粉数

减去自然增长数、减去内容推送后自然增长数，考核其余增粉数是凭借该新媒体运营个人能力获得的。比如日平均阅读是 3 万，平均涨粉 280 个，有一天阅读量达到 10 万 +，涨粉 1000 个，那么这多出来的 720 个就该归功于该新媒体运营，超标完成任务。

4. 转化率

新媒体营销过程中，企业通常会面临一个两难的问题：想要涨粉就不能发广告，想要发广告就不能涨粉。新媒体内容推送的数量和次数都是固定的，这种情况就会导致运营部与销售部产生利益冲突。遇到这种情况该怎么办呢？

其实，企业只需要考核该广告推送后的转化率，比如某微博博文内容发了广告，3000 个阅读量，30 个转化。那么在下次广告推送中，如果完成 35 个转化，就属于运营人员的业绩提升。

5. 活跃度

促活是必要的考核指标，比如虽然浏览量和粉丝数都上升了，但阅读率（阅读率 = 阅读该新媒体内容的人数 / 刷到该新媒体内容的总人数）却从 10% 掉到了 8%，那么这属于亚健康发展。

该指标就是让新媒体运营人员使用一些方法，占领用户心智、延长用户的打开次数及停留时间。以微信公众号推文为例，可以采用运营者在留言区与用户进行互动，公众号推送不同类型的原创内容等方式，达成促活的目的。

课堂讨论： 选择一个短视频账号或者一条短视频，结合相关数据，通过上述考核指标判断其平台的运营情况。

5.2　新媒体用户运营的核心要素

营销的出发点和终点都在用户。同理，新媒体运营也以用户为中心，一切的运营活动都围绕用户运营来进行。用户运行工作主要围绕拉新、促活、留存、转化这四个目标来展开，即新媒体用户运营的核心要素。

5.2.1　拉新

拉新即通过微博、微信、论坛、社群、线下等渠道进行推广，邀请新用户注册或试用，其目的是提升用户总体数量。

简言之，拉新就是为产品带来新用户。带来新用户的手段和途径是多种多样的，包括策划和制造一个具有传播性的话题和事件、投放广告、站内活动，还可以是通过微博、微信开展推广营销。在拉新的层面上，一个运营可能会涉及以上各种手段中的一种或多种。这时需要大量使用奖励诱发手段，如任务引导、福利券、会员、积分等。

例如，某短视频平台初期的主要拉新方式之一就是借助明星微博的影响力，进一步实现品牌曝光，具体操作包括邀请明星录制视频并发至微博。

5.2.2　促活

促活，即促进用户活跃，是指通过新用户教程、创意的用户活动等方式，让用户每天多次打开软件或进入自媒体账号，其目的是提升用户活跃度。

通俗地讲，就是让用户愿意更频繁、更开心地追随企业，也包括让用户在现有的基础上跟企业一起玩得更开心、更持久。

这里可以采取的措施有很多种，包括但不限于构建用户模型、沉默用户召回和用户激励体系的创建和完善等。

案例　某手机品牌的微博"透明照"活动

某手机品牌官方微博曾在微博平台发布一则博文：艺术是感情的流露，是所有人都能理解的语言，有的人的艺术在指尖，有的人的艺术在镜头前，一句话点评下面五幅＃拍个透明照＃作品。转发微博，抽送 1 台 XXX 手机艺术特别版。

该品牌手机一发起＃拍个透明照＃的微博话题，邀请用户晒出自己的"透明照"并转发微博，并且给予参与的用户相关奖励，即在参与者中抽取一位获奖者送出一台该品牌手机。

活动期间，该品牌微博的日常转发量平均为 200～300 次，但是该活动微博收获了 1.3 万人的转发，粉丝活跃度大大提升。同时，其开设的＃拍个透明照＃微博话题也获得了 7.5 亿次的阅读量。

图 5-1 所示为该手机品牌发送的微博和＃拍个透明照＃微博话题。

图 5-1　该手机品牌发送的微博和＃拍个透明照＃微博话题

5.2.3　留存

留存即通过后台分析用户数据，以策划活动、增加功能或发放福利等形式留住用户，其目的是提升用户留存率。

简言之，留存就是要通过各种运营手段确保用户被拉到企业的产品和站点上之后，最终愿意留下来。

留存所对应的指标叫作留存率，继续细分还可以再细分为次日留存、7 日留存等。图 5-2 所示为 TOP100 男 / 女明星核心粉丝留存度。

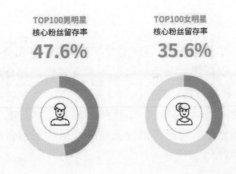

图 5-2　TOP100 男 / 女明星核心粉丝留存度

案例　**电商直播间如何提升用户留存**

　　越来越多的人进入直播带货领域，竞争也相对变大了，而直播带货无外乎就是流量获取、用户停留、销售变现这三个内容。用户通过引流渠道进入直播间，但如果他们仅仅是看一眼就走了，这是没有任何效果的。那如何提升用户的留存率呢？

　　1. 掌握和用户互动的节奏，提升直播间氛围

　　举个例子，某知名电商主播曾经在直播间售卖一款男士护肤品，其销售话术的核心点如下：鼓励女性粉丝对自己的男朋友或老公好一点，但弹幕评论中全是"他不配"的刷屏，实际的销售效果并不好。第二次关于该男士护肤品的直播销售中，该主播的销售话术转变为："假如你不给他们买这种平价的护肤品，那这帮男人就会偷偷用你的 SK-II、神仙贵妇膏……"这种表述直接戳中了用户痛点，销售效果自然非常好。所以，建议主播在直播时鼓励用户发弹幕留言，积极回答用户的问题，或者主动向用户提问，参透用户群体的喜好，和用户进行有效互动，带动直播间的氛围，这样才能吸引用户长时间留在直播间。

　　2. 产品介绍要有差异化对比，直击用户痛点

　　一样东西，任凭主播说有什么好处，大多数人不会有感知，但是当有了对比，自然而然就会凸显出其中一件东西的优势，这就会让用户更有动力去下单。

　　3. 直播间凸显产品价值

　　直播中，主播需要分享自己的技巧、心得，进一步吸引用户，提升用户的获得感，这样才能提升用户的购买力。

　　4. 把握直播间节奏，让用户"流连忘返"

　　建议主播可以根据自己的实际情况设置抽奖环节，可以每隔半个小时或者一个小时抽一次奖，或者每讲解完几款产品抽一次奖，并且时不时提醒用户抽奖的时间，营造期待感。

5.2.4 转化

转化，即拥有一定活跃用户后，尝试通过下载付费、会员充值等方式获取收入，目的是提升转化率。很多新媒体账号会通过各种方式促成部分用户在账号上消费，从而实现流量变现，这就是转化。

例如，视频媒体包括腾讯视频、优酷视频、爱奇艺都是通过会员充值的方式，在庞大的用户中转化部分付费用户。部分微信公众号则采用自己卖货的方式，将庞大的粉丝转化成消费者。

实现用户转化有 3 个技巧。

1. 用户转化流程：简化用户转化路径

减少用户的成本就是在帮助企业提升用户转化，就像网络购物、外卖这么火爆就是因为能为用户节省成本。这里不仅是消费成本，还包括时间成本，因此在流量和用户转化层层递减的情况下，尽量简化用户转化路径，就能留住用户。图 5-3 所示为用户转化流程。

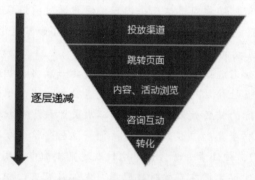

图 5-3　用户转化流程

2. 选择正确的传播渠道

企业推广的传播渠道对于用户转化起着推动性的作用，渠道的选取要根据用户转换的目标而定，只有确定了目标，才能清楚地判断企业的目标用户适合什么样的传播渠道，因为微博、微信、头条号的受众人群是不一样的。

3. 用户转化策略

用户转化策略包括找痛点、场景化、确定转化诱因等内容。

🖋 **课堂讨论：** 尝试分析不同新媒体平台的用户转化形式，例如，微信公众号、小红书、微博、快手和斗鱼直播。

5.3　新媒体用户运营的主要内容

围绕用户核心要素——拉新、促活、留存、转化，用户运营的主要内容包括绘制用户画像，锚定工作方向；寻找目标用户，提高用户质量；完成用户分析，实现精准运营；设计用户玩法，提升用户活跃度与留存率 4 个部分。

5.3.1　绘制用户画像，锚定工作方向

新媒体让性格、爱好、职业、文化背景、价值观不同的人群形成无数个泾渭分明的网络社会群体（简称社群），导致市场越来越细分化。新媒体运营应该立足于某个细分市场，这需要先把目标受众的特点整理成一个用户画像。

用户画像又称用户角色，作为一种勾画目标用户、联系用户诉求与设计方向的有效工具，用户画像在各领域得到广泛的应用。用户画像最初是在电商领域得到应用的，在大数据时代背景下，用户信息充斥在网络中，将用户的每个具体信息抽象成标签，利用这些标签将用户形象具体化，从而为用户提供有针对性的服务。

用户画像分为显性画像和隐性画像两种，具体内容如表 5-1 所示。

表 5-1　用户画像汇总表

画像类别	具体分类	参考指标
显性画像	基础特征	年龄、性别、职业、地域、爱好
	网络使用习惯	·上网时长 ·上网时段 ·上网方式
	网络产品使用习惯	·使用产品 ·使用频次 ·使用时间 ·使用时长 ·行为特征
	其他特征	·了解产品途径 ·注册时间 ·用户等级 ·活跃情况 ·用户分类 ·用户分级
隐性画像	目的	社交、学习、考试、生活、获取资讯等
	偏好	偏好口味、习惯、时长等
	需求	强需求、弱需求，高频需求、低频需求等
	场景	工作场景、生活场景、出行场景等

课堂讨论：思考显性画像和隐性画像之间的区别。

5.3.2 寻找目标用户，提高用户质量

新媒体运营的效果一般通过粉丝数量、阅读数量、转化数量等指标评估。而这些指标都与用户总体数量成正比。因此，新媒体运营者必须想方设法进行用户拉新工作。同时，大量不相关的用户会增加客服工作量、降低转化率，最终降低运营效果，因此，拉新工作要力求精准。获取精准用户分为三个步骤，即识别用户渠道、设计引入形式、给出引入理由。

第一步，识别用户渠道。用户画像常用到标签公式"用户标签=固定属性+用户路径+用户场景"，分析该公式中的"用户路径"，运营者可以识别出用户的活跃渠道，即找到用户"出没"的网站或软件，做好渠道布局。

第二步，设计引入形式。识别出精准的用户渠道后，接下来需要在此渠道设计引入形式，引导用户关注公众号、进入网站或下载软件。常见的引入方式包括硬广、软文、活动等。引入形式没有固定模板，新媒体运营者可以结合渠道特点及产品特色，加入独特的创意，吸引用户。

第三步，给出引入理由。用户不会主动关注毫不相关的公众号或下载不了解的软件，因此，即使找到了精准用户并设计出引入方式，依然需要"临门一脚"，即给出引入理由。

表 5-2 所示为新媒体目标用户的获取渠道与途径汇总表。

表 5-2　新媒体目标用户的获取渠道与途径汇总表

获取渠道	具体途径
贴吧、论坛、联盟等广告	• 推广贴子特权 • 按效果付费 • 广告软植入 • 短期曝光爆发力 • 智能推荐贴吧
QQ空间、微信圈	• 日志推广 • 水印图 • 空间广告 • 短视频 • 外部链接
问答	• 知乎 • 悟空问答 • 在行 • 分答 • 百度知道等

续表

获取渠道	具体途径
软文	• 文库网 • 行业网 • 资讯网 • 社区网等
社交	• 微博 • 读书圈 • 论坛小组 • 话题小组 • 微信小组 • 线下聚会 • 行业活动等

5.3.3 完成用户分析，实现精准运营

用户分级和用户分群，都是对用户精细化运营的手段。

1. 用户分级

用户的分级运营，通常叫作用户分层精细化运营，是指把用户根据用户的特征分成不同的群体和层级，采用不同的运营策略来实现运营目标。

比如说，有个用户虽然只在平台购买过一次，但因为对平台服务很满意，于是主动为平台贡献评论、填写调研问卷、分享传播，并购买了付费会员。这个用户虽然只处于用户生命周期中的成长期初期，但已经具备很高的价值。

2. 用户分群

通过用户分级能划分出综合价值不同的用户，但在同一级中，可能存在不同属性的用户，需要用不同的运营手段去运营。在用户分级的基础上再横向划分用户，就成了用户分群，这样分群的典型方法是 RFM 模型。

RFM 模型是用户分群的常用模型。标准 RFM 模型如下：

- R（Recency）：最近一次购买距今多长时间；
- F（Frequency）：用户在限定时间内的购买次数；
- M（Monetary）：用户在平台的累计消费金额。

还有一种用户分群方法，是把具有相同或相似属性的用户划分到同一群组，并对不同群组的用户施加不同的运营手段，这种分群方法是标签化的用户分群运营。

除此之外，就新媒体用户运营而言，用户分级还可以分为生产者方向和消费者方向两大类。表 5-3 所示为新媒体用户分级表。

表 5-3　新媒体用户分级表

用户分级	具体人群
生产者方向	• 生产大 V • 内容贡献者 • 普通生产者 • 偶尔生产者
消费者方向	• 死忠粉 • 付费用户 • 活跃用户 • 普通用户

5.3.4　设计用户玩法，提升用户活跃度与留存率

用户促活，即利用一定手段，挽回沉寂或者即将流失的客户，并尽可能升级为活跃用户。

用户放弃产品通常有 3 个理由："忘记了""没兴趣了""体验不好"，依据此，在进行促活前，先要对用户进行分析。

前面章节提到过，用户活跃度对应的指标有日活、周活和月活等。每一个数据指标的衡量标准要视不同的产品而定。资讯类产品可能有打开、点赞、收藏、分享、评论等；电商类产品可能有打开、搜索、详情页点击、评论页点击、下单、付款、收货等；工具类 App 可能是打开、使用某项功能、分享炫耀等。

新媒体运营平台可以采用的方法有如下几种。

1. 利益激励

所谓利益激励即通过物质奖励去引导用户发生行为。做利益激励的时候特别要注意，千万不要破坏产品的生态，不要违背用户使用这个产品的初衷。

千万不能为了提高活跃度去"过度"的激励，否则用户每天上线可能只是因为刷积分、赚财富、抽大奖了，这就违背了产品本身的定义。

所以，利益的激励可以采用阶段性的，根据数据及时分析和改进，进行相关活动时也可以制订一定的规则和引导。

2. 互动引导

一款好的产品一定离不开用户的互动引导。互动可以激发用户的参与欲望，可以让用户对这个平台产生归属感。

互动引导主要目的就是让用户在这个平台上进行交流，解决问题，产生共鸣。

3. 游戏化体系搭建

在很多产品里面，会有积分体系、勋章体系、成就体系等，这些体系的核心逻辑主要是用户在完成某一个或者一系列动作后，给予用户有形的积分或无形的勋章或成就作为激励。

　　企业设置游戏化方案的时候一定要注意经验值与升级之间的关联，可采用前易后难的升级体系，如前期升级可通过签到一次完成，随着级别越来越高，则需要更多的操作。

　　课堂讨论： 新媒体运营工作中，提升用户活跃度和留存率的方法还有哪些？

5.4　主流新媒体平台用户运营特点

　　这是一个自媒体时代，也是一个个人品牌崛起的时代。伴随着互联网新媒体的快速崛起和发展，各大自媒体平台也如潮水般涌来，各自具有鲜明的特点，这里就七大主流自媒体的平台特点和运营方法进行简要介绍，以便各自媒体人对平台有一个快速清晰的认知。

5.4.1　百家号

　　百家号是百度为内容创作者提供的内容发布、内容变现和粉丝管理平台。作为一个提供百亿级流量的内容平台，百家号致力于让内容恰如其分地找到读者。

　　百家号为内容创作者提供内容发布、内容变现和粉丝管理服务。在百家号发布一篇有价值的文章，可能被众多用户点击、评论和分享。百家号欢迎每一位自媒体人在百家号创造内容，只要保证账号申请信息真实、完整和符合规范。

　　创作者可以通过百家号 PC 端后台和百家号 App 两种方式进行内容的发布。通过搜索和信息流双引擎驱动，创作者发布的内容将分发至百度移动生态下 12 个平台。其中，不仅包括综合性质百度App，还包含知识垂类的百度知道、百度百科、百度文库、宝宝知道，视频类的好看视频、全民小视频，以及百度贴吧、百度网盘等。图 5-4 所示为百家号 logo 标志和百家号登录首页。

　　　　（a）　　　　　　　　　　　　　　　　　　（b）

图 5-4　百家号 logo 标志和百家号登录首页

百家号用户分析内容如表 5-4 所示。

表 5-4 百家号用户分析表

指标	具体情况
年龄分层	25 ～ 50 岁
用户标签排行	娱乐、搞笑、历史等阅读量较高
用户上线时间	时间段：9:00-11:00　11:00-13:00　19:00-23:00
运营形式	文章、视频

百家号的用户运营方法如下：

（1）保持内容垂直度；

（2）结合热点，包含关键词，结合所选领域组织内容，具备话题性但不低俗；

（3）使用清晰度高且符合主题的封面图；

（4）新手账号可以每天更新一篇内容，持续更新且内容优质。

5.4.2 头条号

今日头条是当前上升势头较好的自媒体平台，"头条号"是针对媒体、国家机构、企业以及自媒体推出的专业信息发布平台，致力于帮助内容生产者在移动互联网上高效地获得更多的曝光和关注。

因此，通过深挖数据，形成基于用户行为从而构建用户模型并进行个性化推荐的产品特色，能很好地完成人与信息的服务连接。今日头条的内容基本上也属于新闻类，但是它所推荐的内容不仅包括狭义上的新闻，还包括购物、游戏、电影、音乐、财经等多个类目的资讯。图 5-5 所示为头条号 logo 标志和头条号登录首页。

（a）　　　　　　　　　　　　　　　（b）

图 5-5 头条号 logo 标志和头条号登录首页

头条号用户分析内容如表 5-5 所示。

表 5-5 头条号用户分析表

指标	具体情况
年龄分层	基本实现年龄全覆盖，18 ～ 40 岁为主力军
用户标签排行	男性标签排名：社会、娱乐、本地、汽车、时政 女性标签排名：娱乐、社会、时尚、育儿、健康

续表

指标	具体情况
用户上线时间	上班前、午休、下班后（零碎时间）
定位标签	情感（1. 故事类；2. 干货类；3. 鸡汤类）
运营方式	微头条、头条问答、文章、视频

头条号的用户运营方法如下：

（1）提高爆文产出率，符合头条号的用户群体阅读兴趣；

（2）头条流量倾斜视频，会做视频的可以选择在头条做视频。

5.4.3　大鱼号

大鱼号是阿里大文娱旗下内容创作平台，为内容生产者提供"一点接入，多点分发，多重收益"的整合服务。大鱼号作为阿里文娱旗下的内容创作平台，为内容创作者的提供畅享阿里文娱生态的多点分发渠道，包括 UC、土豆、优酷等阿里文娱旗下多端平台，同时也在创作收益、原创保护和内容服务等方面为创作者给予充分的支持。

大鱼号主要针对移动端的流量，也是比较适合做娱乐性内容，而且流量非常的不错，当然这里说的流量不错，是说做娱乐性内容的阅读量不错，但是这些流量几乎引不到自己的鱼塘，大多数操作 UC 大鱼号的人都是靠大鱼号自身的广告赚钱，跟今日头条的头条广告和企鹅媒体的流量主同一个类型。所以这个也是自媒体人主要耕耘的地方。

图 5-6 所示为大鱼号的登录首页。

图 5-6　大鱼号的登录首页

大鱼号用户分析内容如表 5-6 所示。

表 5-6 大鱼号用户分析表

指标	具体情况
年龄分层	18 ～ 35 岁
用户标签排行	男性用户喜欢关注的领域有：军事、体育、生活、社会 女性用户喜欢关注的领域有：娱乐、时尚、情感、美食
用户上线时间	9:00-11:00　17:00-19:00
定位标签	生活
运营方式	文章、视频

大鱼号的用户运营方法如下：

（1）产出原创度、垂直度、账号活跃度、内容健康度高的文章能更快提升等级；

（2）原创内容、独家内容、深度内容、高质量内容会获得大鱼号更多的推荐。

5.4.4 企鹅号

企鹅号是腾讯旗下的一站式内容创作运营平台，也是腾讯"大内容"生态的重要入口。致力于帮助媒体、自媒体、企业、机构获得更多曝光与关注，持续扩大品牌影响力和商业变现能力，扶植优质内容生产者做大做强，建立合理、健康、安全的内容生态体系。

自媒体在企鹅自媒体平台上发布的优质内容，能通过天天快报、腾讯新闻客户端、微信新闻插件和手机 QQ 新闻插件进行一键分发，并且可以让内容能够更多、更精准地曝光。还可以通过微社区等形式，帮助自媒体人实现与粉丝的互动，方便快速地沉淀粉丝群，更快捷地建立起与粉丝的连接，实现粉丝资源积累。

图 5-7 所示为企鹅号的登录首页。

图 5-7 企鹅号的登录首页

企鹅号用户分析内容如表 5-7 所示。

表 5-7　企鹅号用户分析表

指标	具体情况
年龄分层	18 ～ 35 岁，趋向年轻化
用户标签排行	娱乐、情感、体育、科技、生活、育儿
用户上线时间	零碎时间
定位标签	生活
运营方式	文章、视频

企鹅号的用户运营方法如下：

（1）根据企鹅号选择领域创作相关内容，保持内容的垂直度；

（2）原创是所有自媒体平台的必要要求，企鹅号尤其看重原创；

（3）企鹅号注重文章的首发性，如果新媒体运营者侧重点在企鹅号，必须要把原创文章第一个发布在该平台；

（4）内容结合热点，包含关键词，结合所选领域组织内容，具备话题性但不低俗。

🖌 **课堂讨论**：结合相关资料，尝试总结上述 4 个资讯类新媒体平台的用户画像，思考其用户的不同之处。

5.4.5　小红书

小红书是一个生活方式平台和消费决策入口，创始人为毛文超和瞿芳。截至 2019 年 7 月，小红书用户数已超过 3 亿；截止到 2019 年 10 月，小红书月活跃用户数已经过亿，其中，70% 新增用户是"90 后"。在小红书社区，用户通过文字、图片、视频笔记的分享，记录了这个时代年轻人的正能量和美好生活，小红书通过机器学习对海量信息和人进行精准、高效匹配。图 5-8 所示为小红书的 logo 标志和首页内容。

（a）　　　　　　　　　　　　　　　（b）

图 5-8　小红书的 logo 标志和首页内容

小红书用户分析内容如表 5-8 所示。

表 5-8　小红书用户分析表

指标	具体情况
年龄分层	呈年轻化趋势，年龄主要集中在 18 ～ 34 岁，以女性用户为主
用户标签排行	彩妆、护肤、穿搭、正餐、运动、减肥
用户上线时间	上班前、午休、下班后（零碎时间）
定位标签	种草
运营方式	图文、视频

　　小红书中坚力量群体在消费能力和消费偏好上逐渐形成固有的品牌格调，对于品质生活的追求与享受使他们更愿意为高品质商品及服务买单。鉴于此，小红书的用户运营技巧如下：

　　（1）小红书美妆品牌竞争激烈、产品趋势多元化，品牌应深耕细分领域，以打造差异化竞争优势为重点；

　　（2）小红书用户愿意为有特色的美食品牌买单，通过传递品牌故事、KOL（Key Opinion Leader，关键意见领袖）种草影响用户心智为大势所趋；

　　（3）小红书母婴国际品牌优势明显、用户消费实力强劲，本土品牌可着重研发实力 + 资源整合，再结合营销加持强化用户认知；

　　（4）小红书家居趋向品质与生活化，把握用户关注热点，了解用户舆情，用数据化工具助力品牌精准投放。

5.4.6　抖音

　　抖音短视频，是由今日头条孵化的一款音乐创意短视频社交软件，该软件于 2016 年 9 月 20 日上线，是一个面向全年龄的音乐短视频社区平台。用户可以通过这款软件选择歌曲，拍摄音乐短视频，形成自己的作品，平台会根据用户的爱好，来更新用户喜爱的视频。

　　图 5-9 所示为抖音的 logo 标志和抖音短视频截图。

（a）　　　　　　　（b）

图 5-9　抖音的 logo 标志和抖音短视频截图

抖音用户分析内容如表 5-9 所示。

表 5-9 抖音用户分析表

指标	具体情况
年龄分层	基本实现年龄全覆盖，主要用户年龄在 22 ～ 35 岁
用户标签排行	演绎、生活、美食类视频播放量较高； 观看情感、文化、影视类视频增长较快
用户上线时间	上班前、午休、下班后（零碎时间）
定位标签	无限定
运营方式	短视频

抖音的短视频用户运营技巧如下。

1. 产出优质内容

抖音平台本身的算法非常复杂，但有一点是可以肯定的：无论是在什么平台，无论这些平台算法有多复杂，只要内容足够优质，就能获得多次曝光，从而获取流量。

2. 不要高估用户耐心，黄金三秒开头

抖音的内容虽然已经是短视频，但千万不要高估用户的耐心。每一次刷到视频的时候，用户需要快速获取信息，如果在前三秒不能打动用户，就会被用户划走，所以视频的开头特别重要。

3. 创造评论氛围，引导用户收藏、转发、下载

内容看完了还不行，还要引导用户继续二次传播。因此，在内容中，创作者需要引导用户评论、收藏、转发、下载等，这不仅能够提升推荐权重，还能在用户的转发中获取新用户。

4. 引诱式结尾，吸引用户长期关注

每一个视频的价值，要实现价值最大化，结尾就非常重要。一集内容精彩但留有悬念，也是引导用户关注的妙招，这样就能促使用户添加主页关注账号，沉淀粉丝与私域流量。

5.4.7 淘宝直播

淘宝直播是阿里巴巴推出的直播平台，定位于消费类直播，用户可边看边买，涵盖的范畴包括母婴、美妆等。从平台角度看，淘宝直播更希望生态的健康与均衡，从其 2020 年目标上就能看出，淘宝直播会加大中腰部主播的培养，为新进入者提供更多机会：打造 10 万个月收入过万的主播，为中小主播制订成长计划；打造 100 个年销售过亿的 MCN 机构；投入淘宝直播主播 500 亿资源包。

图 5-10 所示为淘宝直播 logo 标志和淘宝直播首页。

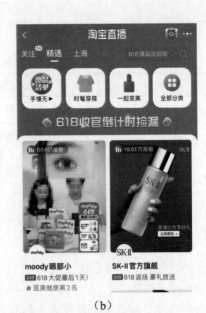

（a） （b）

图 5-10 淘宝直播 logo 标志和淘宝直播首页

淘宝直播用户分析内容如表 5-10 所示。

表 5-10 淘宝直播用户分析表

指标	具体情况
年龄分层	26～40 岁为主力军
用户标签排行	大家电、汽车、生活电器、本地生活、图书音像、家装、3C 数码、运动户外、食品和家纺家居
用户上线时间	活跃用户时间段主要在晚上 6 点之后，在 9 点、10 点达到高峰
定位标签	无限定
运营方式	直播

淘宝用户运营技巧如下。

1. 不能上来就卖货，热场很重要

直播间开始就卖货是大忌，比如，某知名电商女主播开播的第一件事情是先来一波抽奖；某知名电商男主播则会把他的宠物们抱出来与观众互动，这都是热场工作。

2. 礼品+秒杀，活跃度两大法宝

"占便宜"是不变的人性，主播可采用礼品、秒杀、抽奖等形式，选取时下年轻人喜欢的家居或科技用品，不断去提升直播的活跃度。

3. 关注留言评论，随时互动

直播的核心要素是"互动"，时刻让屏幕对面的用户感受到被关怀与存在感，因而，在直播过程中，主播要一直关注留言，跟着用户的评论随机应变。

5.5　新媒体用户运营案例分析：某知名电商主播的粉丝运营之道

2021 年"618"电商购物节活动落下帷幕，淘宝直播旗下某知名电商主播成绩可谓惊人。

6 月 19 日凌晨 1 时 02 分，"淘宝一哥"李某结束了"618"大促收官夜的直播。据第三方直播数据平台的数据显示，该主播于 6 月 18 日晚间开始，到 6 月 19 日凌晨结束的这场直播，时长达到近 6 个小时。本场直播中，该知名主播带货 72 款商品，共售出 83.9 万件商品，销售额约 2.17 亿元。更值得注意的是，本场直播中最高在线人数为 22.26 万人，本场直播的 UV（独立访客）为 1098.67 万人。

2021 年的"618"电商购物节活动从 5 月 24 日开始，持续到 6 月 20 日结束。据淘宝直播数据显示，该知名主播在此期间直播场数高达 23 场，常常爆满，销售额居高不下。

主播们的成功离不开粉丝的支持，粉丝既是主播的支持者，又是主播直播的动力，本节总结该知名电商主播的粉丝运营之道。

1. 粉丝吸引

吸引粉丝是一个直播间拉新的过程，也是直播间开启的第一步。

1）打造好人缘

一个主播想要获得粉丝，首先需要有一个好的人缘，这需要从 4 个方面展开。

（1）尊重粉丝。

想要得到粉丝的拥护首先得尊重粉丝。

（2）心存感激。

粉丝为主播做了一些事情后，这不是理所当然的，主播应当表达感谢。该知名主播在收到了粉丝的礼物后，会在微博上晒出礼物图片并表示感谢；甚至在一些视频网站看到粉丝为自己制作的视频，还私信粉丝并赠送礼物表示感谢。主播应当在心中常存一份感激，直播间的气氛才会和谐。

（3）同频共振。

主播与粉丝之间如果有共鸣点，就可以使二者的频率相一致，增进彼此之间的感情，结下更加深刻的情谊。例如，该知名主播时常将自己的宠物带到直播间的镜头前，与喜爱小动物的粉丝们分享，增进感情的同时也活跃了直播间的气氛。

（4）真诚赞美。

主播眼中，粉丝应当是最可爱的人，应该毫不吝啬地给予诚挚的赞许，使与粉丝的交往更加和谐而温馨。赞美，不但会把铁杆粉丝团结得更加紧密，而且还可以让游客转化为自己的粉丝。例如，该知名主播在直播中经常称呼自己的粉丝为"仙女""漂亮美眉"等。

2）吸粉渠道

直播间吸粉渠道有两种：一是建立自媒体矩阵；二是直播间串场活动。

（1）建立自媒体矩阵。

作为主播，增加曝光量非常有必要。通常情况下，用户是不会主动跑到直播间去，所以主播需要尽可能地增加自己的曝光量。该知名主播在微博、微信和小红书等自媒体平台都有个人账号，发布内容并与粉丝互动，增加自己的曝光量，将粉丝导流进入直播间。

图 5-11 所示为某知名主播的微信公众号和微博账号。

（a）　　　　　　　　　　　　　　　　　　（b）

图 5-11　某知名主播的微信公众号和微博账号

（2）直播间串场。

大部分网民都喜欢凑热闹，没有自己支持主播的粉丝，基本上都是会处于到处跑各直播间的状态，所以当主播只窝在自己直播间的时候，是很少能接触到更多的粉丝的。如果主播出去串场，并作为一个粉丝跟粉丝聊天交朋友的时候，也许就能把其转变成你的粉丝了。主播与主播之间能认识，能成为朋友也是不错的选择。这样粉丝也许就能分享，主播也可以得到一些想象不到的收获。

2. 粉丝留存

粉丝促活和留存环节属于维护粉丝工作，也是粉丝运营的重要环节。该阶段的直播间应该重视提升用户的活跃度。活跃度高、黏性强的用户，更容易转化为最终的消费者。

1）直播间推广

除了在淘宝直播平台进行推广，每场直播还应该尽可能地将信息发布到更多的平台给更多人看到。例如，该知名主播会将自己的直播活动在微博和微信平台进行预告，同时以抽奖的方式呼吁粉丝帮其分享直播间。

图 5-12 所示为某知名主播微博的截图，内容是其直播间的预告。

2）在内容中设置讨论话题

在内容中添加互动环节，加强内容与用户的交流感，可以加深用户对内容的印象，而且话题互动本身也构成内容的一部分。该主播经常会在直播中插入一些美妆技巧、生活窍门的知识类分享，也会进行一些热点话题的讨论，以此拉近和粉丝的距离，也使直播间不会过于单调。

3）定期策划运营活动

节庆日、周年纪念都是重要的运营活动节点，通过活动促活也是大部分主播会采用的方法。该主播不仅会配合电商平台开展"双 11""618"等购物节直播专场，在平时也会针对性地开设一些主题直播专场，例如，零食专场、家居专场等。

图 5-12　某知名主播微博的截图

图 5-13 所示为主播的微博直播预告，包括"10 号生活节""13 号国际进口小专场""14 号父亲节专场"等内容。

好的运营互动不仅可以提升用户活跃度，还可以形成二次传播，完成新一轮的拉新目标。

4）社群运营

将用户沉淀到社交平台，通过社群促活也是一种有效的提升活跃度的方式。此外，社群还为粉丝意见收集、问题反馈提供了一个有效的途径。该主播在微信和微博平台中，都建立个人粉丝群，且粉丝群中管理机制明确，秩序井然。

图 5-14 所示为主播的官方微信粉丝群截图。

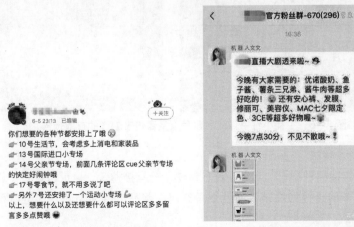

图 5-13　主播的微博直播预告　　图 5-14　主播的官方微信粉丝群截图

5）保持联系

跟粉丝保持积极联系，可以在直播间内与粉丝进行问答互动，也可以在微博、微信公众号的评论区与粉丝进行沟通。这些小细节都是维系和巩固关系的黏合剂。

6）乐于助人

粉丝也需要关怀，尤其珍惜在困境中得到的关怀和帮助。帮助，不一定是物质上的帮助，简单的举手之劳或关怀的话语，就能让别人产生久久的感动。

7）体谅粉丝

体谅粉丝，把粉丝当成自己的朋友。不要给粉丝负担，把粉丝当成自己一样去爱护。例如，该主播在网络上遭到了别人的诋毁，他的粉丝为主播愤愤不平，意欲讨回公道，此时该主播心态平和劝说大家、安抚大家，并表达了不希望粉丝因为自己不开心的想法，让粉丝非常感动。

3. 粉丝活跃

粉丝活跃为促活的环节，是进一步加强主播与粉丝关系的重要步骤。

1）粉丝传播

积极调动粉丝的热情，激励粉丝，促使粉丝帮助主播进行传播。可以在微博、微信、贴吧、直播间为主播摇旗呐喊，也可以使用不同的方式分享主播的直播信息或者其他信息。

图 5-15 所示为主播在小红书课代表账号以及课代表制作的直播预告。

图 5-15　主播小红书课代表账号以及课代表制作的直播预告

2）直播间多玩法

在自己的直播间举办粉丝活动，红包玩法、粉丝接龙等，也可以设置"宠粉日"等。该知名主播的直播间经常为粉丝准备红包、奖品，以抽奖的方式送给粉丝，使粉丝们热情高涨。

4.粉丝转化

粉丝转化是粉丝运营的最后一步，也是最终的目的。

1）与粉丝思想交流

当主播和粉丝建立了稳固良好的关系时，彼此会激发出超强的能量。粉丝会极大激发主播的想象力和创造力。

2）与粉丝成为朋友

每个人生活在社会上，都要靠朋友的帮助，与真诚为自己发展的粉丝交朋友，成为现实生活中的好朋友，扩大自己的交际圈，为自己之后的发展奠定人脉基础。

3）获取粉丝的信任

在前面的步骤中，通过与粉丝的相处，逐步获得粉丝的信任。粉丝只有充分信任主播，才会在主播的直播间进行购物。

直播间中主播是核心，用户绝大部分的原因是为了娱乐。粉丝不会平白无故的送礼物给主播，肯定从主播这里得到娱乐或者心理上的需要，而懂得如何带动气氛，懂得通过与粉丝交流和互动给粉丝带来娱乐的主播，更容易受到粉丝的喜爱。互动和交流才是粉丝运营的根本，才是主播发展的基础。

课堂讨论： 电商类主播的用户运营内容与才艺类主播的用户运营内容相同吗？如果不同，具体表现在哪里？

5.6　本章小结

本章通过学习新媒体用户运营的相关内容，帮助读者了解新媒体用户运营的概念和考核指标，学习了新媒体用户运营的核心要素和主要内容，掌握部分主流新媒体平台用户运营的特点，同时分析了新媒体用户运营的相关案例，助力新媒体用户分析和运营工作。

第6章 用户画像的描述与建模

"用户画像"四个字对于大家应该并不陌生，但好像很少有人真正去了解什么是用户画像，以及用户画像是怎么产生的。

用户画像的内容很宽泛，只要是对用户的认知，都可以叫作用户画像。

用户画像将产品设计的焦点放在目标用户的动机和行为上，从而避免产品设计人员草率地代表用户。产品设计人员经常不自觉地把自己当作用户代表，根据自己的需求设计产品，导致无法抓住实际用户的需求。因此，常常会出现平台对产品做了很多功能的升级，但用户却觉得体验变差的情况。

在大数据领域，用户画像的作用远不止于此。用户的行为数据无法直接用于数据分析和模型训练，企业也无法从用户的行为日志中直接获取有用的信息。而将用户的行为数据标签化以后，企业对用户就有了一个直观的认识。

同时，计算机也能够解读用户，将用户的行为信息用于个性化推荐、个性化搜索、广告精准投放和智能营销等领域。

那么，本章将围绕用户画像，开展相关内容的介绍。

6.1 用户画像概述

"用户画像"这个词大家一定都听过或者见过。那么，究竟什么是用户画像呢？用户画像又有哪些作用呢？下面我们一一解答这些问题。

6.1.1 用户画像的概念

用户画像的概念最早由著名的软件开发先驱阿兰·库珀（Alan Cooper）在1991年提出。交互设计大师阿兰·库珀首创了以用户画像为基础的"角色-目标"设计法，去帮助洞察目标用户和消除设计师的认知偏差。他在1998年出版的《交互设计之路：让高科技产品回归人性》中详细介绍了这个方法。除此之外，其著作基于众多商务案例，讲述如何创建更好的、高客户忠诚度的软件产品和基于软件的高科技产品的书。

图6-1所示为阿兰·库珀和其经典著作《交互设计之路：让高科技产品回归人性》。

（a）　　　　　　　　　　　　　　　（b）

图 6-1　阿兰·库珀和其经典著作《交互设计之路：让高科技产品回归人性》

在用户研究领域中，"用户画像"这一词对应的英文单词有两个，一个是 User Profile，另一个则是 Persona。这两个概念都属于用户画像部分，在制作用户画像时缺一不可。但同时，二者有重叠的部分，也有递进的关系。

用户画像又称用户角色，作为一种勾画目标用户、联系用户诉求与设计方向的有效工具，用户画像在各领域得到了广泛的应用。用户画像是基于用户画像虚构出来的具有代表性的用户，用于帮助产品研发团队做出假设并进行验证。用户画像（Persona）侧重于探索目标用户的需求、动机、决策方式，侧重于描述目标用户的自然属性和社会属性（User Profile）。

1. 用户画像

产品是为谁设计的？用户画像（Persona）会给出答案。它使目标用户的形象更加具体，让产品的使用场景更加真实和立体，使产品研发团队能够基于鲜明的用户形象去设计产品或制订市场营销策略。

用户画像是指产品设计、运营人员从用户群体中抽象出来的典型用户。一般来自用户访谈、用户研究，帮助我们去感性地认识当前的产品所主要服务的用户是什么类型的人。例如，在用户调研阶段，产品经理经过调查问卷法、访谈研究法等了解用户的共性与差异，汇总成不同的虚拟用户；在产品原型设计、开发阶段，产品经理围绕这些虚拟用户的需求、场景，研究设计产品用户体验与使用流程等。

需要注意的是，用户画像不是一个真实的用户，而是目标用户群体的虚拟代表。它的特征是从用户调研中抽离出来的，包含目标用户的需求、行为模式等，汇集了广泛的目标用户群体的关键特征。

由于我们无法单独了解每个潜在的目标用户，且不同的目标用户群体可能出于不同的原因购买和使用产品，所以我们可能需要创建多个用户画像，以此来代表特征各不相同的目标用户群体。每个用户画像应该包括基本的人口统计信息、行为、目标、痛点、购买模式及背景等典型特征。

我们在实际操作的过程中往往会以最为浅显和贴近生活的话语将用户的属性、

行为与期待联结起来。作为实际用户的虚拟代表，用户画像所形成的用户角色并不是脱离产品和市场之外所构建出来的，形成的用户角色需要有代表性，能代表产品的主要受众和目标群体。

如图 6-2 所示是某个产品对自己潜在的用户群体进行一个直观的认识，细分为男性群体和女性群体，两个群体分别包括了不同的维度。而后续这个产品就可以按照这些预估，来作为后续产品交互、流程等设计的一个重要依据。

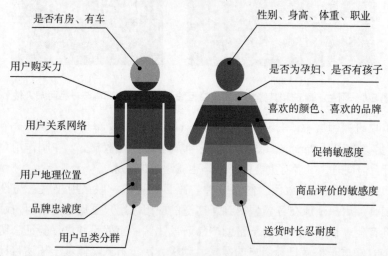

图 6-2　用户画像

针对用户画像（Persona）的概念，某社交软件就是一个典型的例子。该社交软件设计之初，其目标人群是一二线城市的白领，此时的用户画像（User Persona）大致为：一二线城市、20 ～ 35 岁、教育程度较高、收入可观（5000 元以上）等，鉴于此，用户画像（User Persona），该社交软件所有的产品交互和设计流程都是依据此进行设计的。但是随着该软件的发展，其用户群体发现了明显的"下沉"现象，越来越多的三线、四线，甚至五六线城市的用户成为了其主要的用户群体。那么，针对如今的情况，该社交软件的功能、交互设计等都会有所调整。

对于这种问题，用户画像（Persona）的反应就会滞后，我们可能就需要采用另一种方案的用户画像（User Profile）了。

2. 用户画像

用户画像（User Profile）的核心工作就是给用户打标签，标签通常是人为规定的高度精练的特征标识，如年龄、性别、地域、兴趣等。这些标签集合就能抽象出一个用户的信息全貌。

用户画像通常是对真实用户信息的客观描述，可能包含用户的名字、照片、人口统计特征（年龄、职业、工作、收入等）、地理特征（国家、城市等）、心理特征（社会阶层、生活方式等）、行为特征（生活习惯、行为习惯）。简单来说，用户画像包含了用户的自然属性，也包含了用户的社会属性。

用户画像是基于用户在产品中的真实数据，产出描述用户的标签的集合，是偏理性的数据表现；一般用于产品具体的产品设计、决策依据、运营营销、风险预测、信用评估、个性化推荐等过程。

在实际运用中，随着产品被越来越多的用户使用，用户画像的内容会越来越丰富。每个用户在使用产品时留下的关联数据，都可以转化为用户画像。

以短视频平台为例，当我们发现某用户在浏览短视频时，对旅行视频从头看到了尾，甚至反复进行了观看，而对于影视解说类视频却没有任何停留观看的行为。这个时候，我们就可以为这位用户贴上"喜欢旅行""不喜欢影视"的用户画像内容。以此推论，每个用户的用户画像都会在这种反复判断下变得越来越完善。

创建用户画像的过程，实质上是一个用户建模的过程，即用多维度的行为标签来描述用户的过程。因此，用户画像通常应用在个性化推荐上，包括电商、内容类产品、风险控制、行为预测等领域。以某海淘电商 App 为例，应用包含"俊仔猜你喜欢"功能，该功能界面会展示一些用户可能感兴趣的商品，这就是将用户标签与商品标签进行智能匹配而得出的结果。图 6-3 所示为"俊仔猜你喜欢"功能界面。

图 6-3 "俊仔猜你喜欢"功能界面

值得注意的是，由于人的自然属性和社会属性在一定客观因素下会发生变化，比如爱好的变化、饮食习惯改变、消费习惯变化等。因此，用户画像是动态的，需要我们有计划地对其进行更新。

通过上述内容不难发现，用户画像是用多维度的标签来描述一个真实存在的目标用户。如果将它作为设计工具，很难发挥作用。但用户画像可以帮助产品研发团队准确定位目标用户（寻找具备相同标签/特征的用户），进而快速明确用户研究时要招募的用户类型。

用户画像最初是在电商领域进行应用的，在大数据时代背景下，用户信息充斥在网络中，将用户的每个具体信息抽象成标签，利用这些标签将用户形象具体化，从而为用户提供有针对性的服务。图 6-4 所示为今日头条基础用户画像。

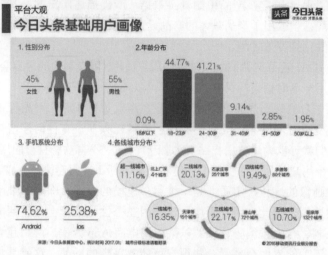

图 6-4　今日头条基础用户画像

　　总结来说，用户画像（Persona）是产品设计、运营人员从用户群体中抽象出来的典型用户。例如，在用户调研阶段，产品经理经过调查问卷、客户访谈了解用户的共性与差异，汇总成不同的虚拟用户等。用户画像（User Profile）则是根据每个人在产品中的用户行为数据，产出描述用户的标签的集合，例如，猜测某个用户的喜好、要买什么东西等。

　　课堂讨论：尝试总结用户画像（Persona）和用户画像（User Profile）的应用场景。

6.1.2　为什么需要用户画像

　　真实可靠的数据是好的用户画像的基石，这些数据是在前期定性和定量的市场调研中收集的，比如问卷调查和用户访谈等。这些真实的数据使得用户画像成为一本产品指南，为设计者们指明了产品的发展方向。

　　用户画像能够使产品的服务对象更加聚焦，更加专注。纵观整个行业，有一种现象屡见不鲜：某公司制作了一款产品，为了产品利润最大化，他们尽可能地顾首又顾尾，希望产品能覆盖所有人，包括所有的年龄阶段（老人、小孩、青年人、中年人等），包括各种类型的人（可爱活泼、成熟稳重等）……而这样的产品，通常都在筋疲力尽地努力下却依旧走向灭亡。这并不难理解，因为每一个产品都是为特定目标群的共同标准而服务的，当目标群的基数越大，这个标准就越低。换言之，如果这个产品是适合每一个人的，那么其实它是为最低的标准服务的，这样的产品要么毫无特色，要么过于简陋。

　　因此，为产品制订用户画像，是用户运营用于分析的必经之路。

用户画像的价值包括 6 个方面。

1. 加深对用户需求的理解

用户画像将用户的信息完整地呈现给产品研发团队，这有助于团队成员了解目标用户。产品研发团队对目标用户越了解，能挖掘出的用户需求越多，对用户的行为预测就越有把握，进而创造出既能满足用户需求又符合用户特征的设计方案。

例如，在产品早期时，可以通过用户调研和访谈的形式了解用户。在产品用户量扩大后，调研的效用降低，这时候会辅以用户画像配合研究。新增的用户有什么特征，核心户的属性是否变化等。

2. 以用户为中心进行设计

用户画像清晰直观地展示了目标用户的目标、需求和动机，这将使产品研发团队围绕真正的用户需求进行产品设计。产品研发团队输出设计方案时首先会思考该方案是如何满足用户需求的。总之，用户画像有助于产品研发团队真正以用户为中心展开设计，是产品设计方向的指南针。

3. 避免争论，帮助决策

产品研发团队常犯的错误是经常从自身的角度思考：如果遇到这个问题我会怎么做？我会喜欢这个设计吗？我能轻松地使用产品解决问题吗？然后再给出各种不同的设计方案。这时，分歧就产生了，到底哪个设计方案是最好的？

如果产品研发团队建立详细的用户画像，在发生分歧时，就会首先考虑诸如此类的问题：目标用户会喜欢这个设计吗？目标用户能接受这个价格吗？这个设计方案对目标用户来说足够简单易用吗？这种视角的转变可以帮助产品研发团队消除偏见和分歧，快速做出合理的决策。

4. 预测目标用户的行为

用户画像帮助产品研发团队了解用户的喜好、动机、目的、需求、习惯等，进而从一定程度上对用户行为进行预测。这有利于产品研发团队做出更好的设计方案，而不用针对每个设计方案都进行可用性测试。

这种精准营销是运营最熟悉的玩法，从粗放式到精细化，将用户群体切割成更细的粒度，辅以短信、推送、邮件、活动等手段，驱以关怀、挽回、激励等策略。

5. 更好地排列需求优先级

有了用户画像，产品研发团队对目标用户的需求把握会更准确。面对需求时，团队会更加清楚这个需求是高频的还是低频的，是重要的还是不重要的，是大众的还是小众的，等等。这将帮助产品研发团队对需求的优先级进行排列，从而将精力聚焦在更关键的需求上。

6. 提升效率，节省时间

除了上述所说的，用户画像使设计方案以用户为中心，避免设计出无用的产品而造成浪费之外。用户画像还能减少无休止的会议，提高决策的效率，而且减少针对设计方案进行可用性测试的次数，大大节约了产品研发团队的时间，提高了工作效率。

案例 某微信公众号通过确定用户画像，成功找到自己的商业模式

许多自媒体是依靠内容来巩固定位，同时吸引同质、高精准粉丝的。

以微信某公众号为例，该公众号在初期的定位并不明确，但是通过一段时间的运营，他们发现所生产的内容吸引的多是一些年轻的女性，由此，他们建立了该公众号的用户画像，进一步发现其主要用户群体为追求精致生活的青年女性。

针对该用户画像，他们在保持原有风格不变的基础上，集中向精致年轻女性所偏爱的内容发起攻势，包括但不限于推荐一些中高档价位的美妆产品、精致生活的技巧等，这些内容一经发布就受到了粉丝们的追捧，该公众号通过确定用户画像，成功地找到了属于自己的商业模式。

由此可见，在运营公众号的时候，我们首先要确定一个问题：你的公众号打算提供哪些功能给用户？

做好用户画像，就可以来了解用户的具体需求，进而提供服务来满足他们，也可以吸引更多类似的用户来关注。

6.2 用户画像的主要内容

用户画像的焦点工作是为用户打标签，而一个标签通常是人为规定的高度精练的特征标识，如年龄、性别、地域、用户偏好等，最后将用户的所有标签综合来看，基本就可以勾勒出该用户的立体画像了。

因此，可以理解为用户画像是在创造一系列的典型或者象征性的用户。

在实际操作中，针对不同的产品内容或者需求目的，需要建立的用户画像又各不相同，大致可以分为用户属性维度、用户行为维度、用户消费维度、用户心理维度和用户社交维度。

6.2.1 用户属性维度

用户属性是刻画用户的基础。常见的用户属性获取范围来自人口统计学、时间属性、空间特征和渠道来源4大板块。

用户属性所包含的具体指标有：

（1）年龄；

（2）性别；

（3）身高/体重；

（4）民族；

（5）教育程度；

（6）职业；

（7）地理位置；

（8）城市规模；

（9）气候状况；

（10）人口密度；

（11）渠道来源。

上述用户属性指标仅仅为用户属性的一部分，针对不同的产品内容还会有更多的属性指标。

6.2.2　用户行为维度

用户行为是另一种刻画用户的常见维度，通过用户行为可以挖掘其偏好和特征。用户行为维度包含了行为介质、行为偏好、行为频率、行为时长和行为周期 5 个方面。

常见的用户行为维度指标包括：

（1）设备类型；

（2）使用频率；

（3）使用偏好；

（4）使用时长；

（5）使用周期；

（6）经常团购、经常加班、爱追剧、爱运动等；

（7）爱点赞、评论、收藏、转发、打赏、关注、私聊等。

上述用户行为维度指标仅仅是该维度的一部分指标，针对不同的产品内容还会有更多的行为指标。

6.2.3　用户消费维度

用户消费维度包含了消费能力、消费类目、消费档次、消费金额、贡献价值和信用价值等判断维度。

常见用户行为维度指标包括：

（1）用户订单相关行为；

（2）下单 / 访问行为；

（3）用户近 30 天行为类型指标；

（4）用户高频活跃时间段；

（5）用户购买品类；

（6）点击偏好；

（7）营销敏感度。

上述用户消费维度指标仅仅是该维度的一部分指标，针对不同的产品内容还会有更多的指标。

对于用户消费维度指标体系的建设，可从用户浏览、加购、下单、收藏、搜索商品对应的品类入手，品类越细越精确，给用户推荐或营销商品的准确性越高。

案例 构建用户消费维度标签的应用——某化妆品促销活动

某化妆品大促活动期间，渠道运营人员需要筛选出平台上的优质用户，并通过短信、邮件等渠道进行营销，可以通过圈选"浏览""收藏""加购""购买""搜索"与该化妆品品牌相关品类的标签来筛选出可能对该化妆品品牌感兴趣的潜在用户，进一步组合其他标签（如"性别""消费金额""活跃度"等）筛选出对应的高质量用户群，推送到对应渠道。

因此将商品品类抽象成标签后，可通过"品类＋行为"的组合应用方式找到目标潜在用户人群。

图 6-5 所示为电商平台的分类标签。

精选品牌：	美宝莲	后化妆品	百雀羚	雪肌精
皮肤护理：	面部护理	身体护理	护理套装	女性护理
香水彩妆：	香水	底妆	口红唇部	眉眼彩妆

图 6-5 电商平台的分类标签

6.2.4 用户心理维度

用户心理维度是指从用户的心理角度出发，判断并归纳用户的特征，其中，判定的维度有性格特征、生活方式、消费态度和利益追求等。

常见用户心理维度指标包括：

（1）贪小便宜；

（2）价格敏感；

（3）品牌偏好；

（4）性价比；

（5）好攀比；

（6）犹豫纠结；

（7）果断；

（8）健康诉求高。

上述用户心理维度指标仅仅是该维度的一部分指标，针对不同的产品内容还会有更多的指标。

6.2.5 用户社交维度

社交属性用于了解用户的家庭成员、社交关系、社交偏好、社交活跃程度等方面，通过这些信息可以更好地为用户提供个性化服务。

常见用户社交维度指标包括：

（1）家庭；

（2）子女；

（3）社区；

（4）学校；

（5）公司；

（6）社团；

（7）兴趣部落。

上述用户社交维度指标仅仅是该维度的一部分指标，针对不同的产品内容还会有更多的指标。

在日常使用社交软件时，我们可以发现，社交软件中的信息流广告会结合我们的社交特征进行个性化推送。比如，结合用户所在地理位置、经常活跃的社交场所，甚至是近期收藏的相关文章，在微信朋友圈给用户推送了相关电脑营销的广告。用户对于商品品类、商品价格段、各营销渠道、购买的偏好类型、不同营销方式等方面的偏好特征；以场景化进行分类，根据业务需要构建一系列营销场景，激发用户的潜在需求，如差异化客服、场景用户、再营销用户等。

案例　**新媒体用户画像的主要内容**

新媒体用户画像与上述的用户画像主要内容并不矛盾，但新媒体用户画像以新媒体产品为特性，属于细分型的用户画像，其内容主要从 3 个维度进行探讨。

1. 用户的维度

用户的维度是指从用户行为的角度来采集数据。例如，用户通过何种渠道接触新媒体平台，他们在网站上做出了哪些行为。有的用户是直接输入网址来找到平台的官方微博 / 微信，有的则是从网络收藏夹里点击收藏链接，有的是从自己或朋友的微博 / 微信上看到的。这些不同的渠道产生的流量也各有不同。

用户进入新媒体平台后的活动也是重要信息，其判断指标包括但不限于：

• 点击哪些页面；

• 在同一页面上的停留时间；

• 访问路径。

上述用户行为都会成为新媒体内容产品的决策依据。通过这些数据，我们可以找出用户访问深度最高的渠道，加强该渠道的推广力度。

用户的会员注册情况也是一个监测要点。假如用户只浏览而不注册，新媒体平台的用户转化率就会很低。监测用户的注册流程可以让运营者弄清楚到底是哪些环节让用户失去了注册的兴趣，从而优化会员注册流程。

2. 运营的维度

用户的维度针对的是用户来源，运营的维度主要是分析收入情况。新媒体运营维度的判断指标包括但不限于：

• 每一天的订单数；

• 每笔订单的金额大小；

- 订单支付成功率;
- 订单交付周期;
- 用户退货率;
- 用户投诉率;
- 用户重复购买率;
- 用户再次下单的周期等数据。

上述指标都是新媒体运营者需要注意的环节。

此外,运营者还要关注平台上每天的内容产出量与新用户增加、老用户流失等情况,以便从中筛选出优质活跃用户。在各种用户画像中,优质活跃用户的画像非常重要,他们是其他用户的标杆。假如运营数据显示用户濒临流失,新媒体运营者就要及时调整经营策略了。

3. 产品和内容的维度

新媒体运营的最终目标是销售产品。通过对每个用户购买的产品类型、平均每次购买的数量及金额、退换货的情况进行大数据分析,新媒体运营者就能发现比较受欢迎的热门产品,进而做好促销计划。

优质内容是新媒体平台的标签,用户关注平台的初始动机是分享内容。新媒体运营者应该对平台上的内容进行分类,可以按照文字、图片、视频等表现形式来划分,还可以用美食、影视、运动、旅行、历史等标签来划分。新媒体运营者要时刻关注用户最感兴趣的标签,并观察每个标签下的用户每天发布多少内容、内容质量、评论转发状况。如此一来,用户的兴趣爱好就一目了然了。

图 6-6 所示为某新媒体平台的内容分类。

推荐　热点　西瓜视频　财经　科技　娱乐　体育　直播　更多

图 6-6　某新媒体平台的内容分类

课堂讨论：思考新媒体用户画像还有哪些比较重要的指标或维度可供运营人员参考。

6.3　建立用户画像的方法与步骤

用户画像是用户运营与分析工作的必备技能之一,可通过构建用户画像分析客户、了解客户、挖掘需求,从而提高转化率和复购率。那么该如何构建用户画像呢?

6.3.1　用户画像的构建方法

用户画像的构建方法主要有 3 种,分别是阿兰·库玲的七步人物角色法、莱恩·尼尔森(Lene Nielsen)的十步人物角色法和穆德(Mulder)的三步人物角色构建法。

1. 七步人物角色法

七步人物角色法来自交互设计大师阿兰·库玲，大致分为 7 个步骤建立人物画像。图 6-7 所示为七步人物角色法步骤流程图。

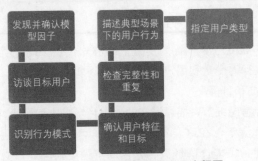

图 6-7　七步人物角色法步骤流程图

1）发现并确认模型因子

观察行为变量，包括活动、态度、能力、技能。

- 活动：用户做什么，做的频率和工作量有多少。
- 态度：用户是如何看待产品的，是生活必需品还是辅助工具，又或者是娱乐消遣。
- 能力：用户所受教育和培训程度、自学的能力、能否无需特殊引导就可以使用产品。
- 技能：用户在哪些领域使用产品，有哪些技能和技巧。

2）访谈目标用户

目的是将访谈用户对象和行为变量对应起来，应用到某个范围的精确点上，一般采用四象限分布法。

用户的需求有很多种，如果从这些需求的重要性和急需性来考虑，可以将这些需求分为四种。以需求的急需性作为横轴，需求的重要性作为纵轴，可以建立消费者需求四象限图。用户的需求特征层次，归结起来可分为四个部分：重要又急需、重要但不急需、不重要但急需、不重要也不急需。图 6-8 所示为四象限分布法概念图。

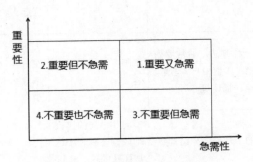

图 6-8　"四象限分布法"概念图

3）识别行为模式

行为模式是人们有动机、有目标、有特点的日常活动结构、内容以及有规律的行为系列。它是行为内容、方式的定型化，是人生价值观的外化，表现了人们的行动特点和行为逻辑。

把访谈对象对应到行为变量之后组成的集合，可在多个行为变量上发现相同的用户群体，那些集中在 6～8 个行为变量上的群体代表了同一类显著行为模式，如果模式有效，那这些行为变量和用户之间就具有逻辑或因果关系。

4）确认用户特征和目标

从数据出发综合考虑细节，描述潜在的使用环境、典型场景、当前产品的不足、用户使用过程中的不满等，在这一步骤中，对一两个典型形象进行刻画，其中，过度的虚拟情节的描述，可能会降低人物角色的可信度。因此，必要的虚拟情节是给用户起名、添加年龄、职位等信息，用来可视化虚拟人物角色。用户目标则是从用户访谈和对用户行为的观察中得出的关键细节，通过对用户行为模式的观察推导出来的。

5）检查完整性和重复

检查人物和行为模式的对应关系，检查是否存在重要的缺漏，是否缺少重要的典型人物、行为模式，确保人物和行为模式的独特性和差异性，确保创建的人物角色足以覆盖真实世界中的用户和需求。

6）描述典型场景下的用户行为

描述典型场景下的用户行为包括虚拟事件和用户的反应，简单快速勾勒人物的性格、兴趣爱好及生活中对产品的使用情况和产品的关系等。其中，描述方法有：关键词法、列表法和卡片法。

表 6-1 所示为典型场景下描述用户行为的方法。

表 6-1　典型场景下描述用户行为的方法

方法	内容	优点	缺点
关键词法	将用户角色身上的特质标签化，用关键词描述记录用户的关键信息，如喜好、态度、行为等	直观简单便于统计	缺乏逻辑关联性，容易出现缺漏和重复的情况，不能客观建立起人物、行为之间的关系
列表法	最常用的一种方法，通常罗列的信息包括：典型用户、信息、背景、痛点、描述等	清晰明了地展示内容	人物角色之间不易横向比较，在给人物角色排序时相对困难，不太容易分清主要角色和次要角色
卡片法	专门制作的卡片作为分组计数	横向和纵向的比较均兼顾，有利于达成团队的统一认识	

7）指定用户类型

对所有人物角色进行优先级排序以确定首要设计对象，进而通过单页设计来满足用户的目标、需求，同时又不剥夺其他次要人物的权利，通常，目标用户越详细准确越好。

通常选择的优先级顺序有：典型用户、次要用户、补充用户、负面人物角色。

2. 十步人物角色法

Lene Nielsen 所提出的十步人物角色法，则是通过 10 个步骤建立人物画像，每个步骤中包括目标、使用方法和输出物 3 个部分。十步人物角色勾勒法将核心用户的形象融入每个成员开发、设计思维中，才是人物角色的使命。

1）发现用户

目标：谁是用户？有多少？他们对品牌和系统做了什么？

使用方法：数据资料分析。

输出物：报告。

2）建立假设

目标：用户之间的差异都有什么？

使用方法：查看一些材料，标记用户人群。

输出物：大致描绘出目标人群。

3）调研

目标：关于用户画像调研（喜欢 / 不喜欢、内在需求、价值）。关于场景的调研（工作地环境、工作条件），关于剧情的调研（工作策略和目标、信息策略和目标）。

使用方法：数据资料收集。

输出物：报告。

4）发现共同模式

目标：是否抓住重要的标签？是否有更多的用户群？是否同等重要？

使用方法：分门别类。

输出物：分类描述。

5）构造虚构角色

目标：基本信息（姓名、性别、照片）。心理（外向、内向）。背景（职业）。对待技术的情绪与态度，其他需要了解的方面。

使用方法：分门别类。

输出物：类别描述。

6）定义场景

目标：这种用户画像的需求适应哪种场景？

使用方法：寻找适合的场景。

输出物：需求和场景的分类。

7）复核与买进（该步骤可忽略）

目标：你是否知道哪些人会喜欢它？

使用方法：人们对人物角色模型的描述进行评价。

输出物：没有固定内容输出物，视情况具体分析。

8）知识的散布（该步骤可忽略）

目标：我们可以怎样与组织分享人物角色？

使用方法：会议、邮件、参与各种活动。

输出物：没有固定内容输出物，视情况具体分析。

9）创建剧情

目标：在设定的场景中，既定的目标下，当用户画像使用品牌的技术时会发生什么？

使用方法：叙述式剧情，使用用户画像描述和场景形成剧情。

输出物：剧情、用户案例、需求规格说明。

10）持续的发展（是否有新的信息改变角色）

目标：新的信息或数据是否导致人物角色模型需要修改？

使用方法：可用性测试、新的数据。

输出物：专人负责，帮助所有研究者输入用户调研数据。

3. 三步人物角色构建法

穆德根据用户的类型和分析方法划分了三步人物角色构建方法。

（1）用户研究（定性人物角色、经定量检验的定性人物角色和定量人物角色）。

（2）生成细分的人物角色。

（3）使人物角色真实可信。

表 6-2 所示为用户研究三种方法的对比表。

表 6-2　用户研究三种方法的对比表

	研究步骤	优点	缺点	适用性
定性人物角色	1. 定性研究：访谈、现场观察、可用性测试 2. 细分用户群：根据用户目标、观点和行为找出一些模式 3. 为每一个细分群体创建一个任务角色	1. 成本小 2. 简单、增进理解和接受程序 3. 需要的专业人员较少	1. 没有量化证据。必须使用于所有用户的模式 2. 已有假设不会受到质疑	1. 条件和成本所限 2. 管理层认同，不需量化证明 3. 使用人物角色风险小 4. 在小项目上进行的试验
经定量验证的定性人物角色	1. 定性研究 2. 细分用户群 3. 通过定量研究来验证用户细分：用大样本来验证细分用户模型 4. 为每一个细分群体创建一个人物角色	1. 量化的证据可以保护人物角色 2. 简单、增进理解和接受程序 3. 需要专业人员较少，可以增加进行简单的交叉分析	1. 工作量大 2. 已有假设不会受到质疑，定量数据不支持假设，需要重做	1. 能投入较多时间和金钱 2. 管理层需要量化的数据支撑 3. 非常确定定性的戏份模型是正确的

	研究步骤	优点	缺点	适用性
定量人物角色	1. 定性研究 2. 形成关于细分选项的假说：一个用于定量分析、多个候选细分选项列表 3. 通过定量研究收集细分选项的数据 4. 基于统计聚类分析来细分用户：寻找一个在数学意义上可描述的共性和差异性的戏份模型 5. 为每一个细分群体创建一个人物角色	1. 定量技术与定性相结合。模型第一时间得到验证 2. 迭代的方式能发现最好的方案 3. 聚类分析可以坚持更多的变量	1. 工作量大，需要 7～10 周时间 2. 需要更多专业人员 3. 分析结果可能与现有假设和商业方向相悖	1. 能投入时间和金钱 2. 管理层需要量化的数据支撑 3. 希望通过研究多个细分模型来找到最合适的那个 4. 最终的人物角色由多个变量确定，但不确定哪个是最重要的

通过比较分析可知，阿兰·库玲和莱恩·尼尔森所主张的构建步骤是两种完全不同的路径，前者主要是通过定性研究来进行人物角色构建，过程中缺乏定量研究的验证，而后者则是通过典型的定量研究来构建人物角色，即以群体内部差异假设为开始，收集数据，统计分析，然后对假设进行判断。

而穆德的观点则更具综合性，将定性和定量两种研究进行了结合，提出了三种用户研究的方法。

6.3.2　建立用户画像的步骤

我们的目标是根据市场调研信息完善用户画像、建立用户画像，并对用户画像进行优先级排序，找到产品最主要的用户画像，以此指导产品设计。

创建用户画像通常分为 5 个步骤：收集用户数据、整合用户画像、完善用户画像、选择主要用户画像、分享用户画像。下面将对各个步骤进行详细介绍。

1. 收集用户数据

虽然用户画像是虚构的，但它是根据真实用户的数据而创建的。假设我们在做市场细分的时候已经建立了用户画像，通过用户画像对目标用户群体有了一个初步的了解，比如谁是用户，他们有哪些特征，他们之间的差异是什么。

接下来，我们要开始寻找具备目标用户群体特征的人，并通过调研问卷、用户访谈、日志记录以及焦点小组等方式，进行更深入的用户研究工作，使用户画像更加丰满。在此过程中，高质量的用户研究具有重要意义，切记不要虚构目标用户的特征。

为了创建详尽的用户画像，产品研发团队需要制订多种类型的问题。关键问题可能涉及性别、年龄、城市、职业、收入、购物习惯、兴趣以及生活习惯等。产品研发团队应根据实际情况删除或增添一些匹配产品目标的问题，重点是要基于产品类型和使用场景去制订有针对性的问题。

如果设计的是短视频产品，制作团队可能会关注用户每天的短视频观看时长和短视频观看频次等信息；如果设计的是带货短视频产品，那么制作团队要更多地关注货品相关情况，比如核心卖点等。

下面列出了一些所有产品的用户画像可能都会涉及的问题，需要着重强调的是：产品都是要用于解决问题的。

- 你通常在什么情况下会遇到问题？
- 你目前通过什么方式来解决问题？
- 你觉得目前这个解决方案怎么样？
- 你期望的结果或者目标是怎样的？
- 你（或家庭、企业）的收入水平怎么样？
- 你了解这类产品的途径有哪些？
- 你在购买这类产品时主要考虑哪些因素？
- 你是通过什么渠道购买这类产品的？

注意，有些时候用户可能并不了解自己行为背后真正的驱动因素。比如，用户购买一双限量款球鞋的原因是当作炫酷的装备，但其可能会说购买的理由只是因为球鞋穿着舒服。所以在这个阶段，产品研发团队除了了解用户的一些基本信息外，还要深入挖掘以上问题，通过多问"为什么"了解用户行为背后的深层动机。

在某些情况下，我们没有充足的时间和资源与目标用户面谈。但是，我们可以通过对竞争对手产品的洞察来创建用户画像，具体渠道包括电商产品页下的评论、同类产品相关社区以及社交媒体上相关产品的话题。

2. 整合用户画像

用户调研之后，我们已经得到初步的用户画像。通过数据分析，可以找出各个目标用户群体的共性，比如他们面临的问题、解决问题的方案、目标和动机、期望的结果、关注点等，可能会发现有些用户极度相似——他们面临着同样的问题，具备同样的目标和动机，甚至使用同样的词汇来描述问题，这些数据极具价值。

在此阶段，产品研发团队最关键的任务是对具备相似特征的用户画像进行合并。通常，最有效的方法是优先考虑对具有同样目标和动机的用户画像进行合并。

比如，对于一款水果麦片产品来说，用户画像中的上班族小甲用它作为早餐，用户画像中的学生小乙也用它作为早餐，而用户画像中的学生小丙则将它当作日常零食。

可以看到，对于该水果麦片产品来说，上班族小甲和学生小乙的目标是一致的，即作为早餐，所以他们是同一类用户，应该进行合并。而小丙虽然也是学生，和小乙的背景极度相似，但因为其目的与小乙完全不同，所以小丙被归为另一类用户。

这个步骤简化了逐个对比分析初步用户画像的过程。但即便如此，我们仍无法根据当前所有用户画像中的用户设计产品。所以，要完善用户画像，并对其进行优先级排序。

3. 完善用户画像

一旦完成了对用户画像的整合，我们就可以进一步完善用户画像，确保每个用户画像都有一个名称和详细描述，以使用户画像更加真实。用户特征列表不能代表用户画像，用户画像是某类用户群体的真实描述。

例如，我们可以用小乙来代替"上早自习的学生"，因为小乙比"上早自习的学生"更加真实和贴近生活，其代表了这类用户群体，便于产品研发团队将其而不是一系列特征的集合当作一个人来思考和设计产品。我们希望一提到小乙，产品研发团队就能想到小乙的喜好和习惯。

一般来说，用户画像应包括以下内容。

1）名称

可以是真实的用户名称，也可以是虚构的用户名称。每个角色都应该拥有唯一的名称。

2）照片

要为用户画像中的角色上传其代表照片。同名字一样，照片既可以是真实的，也可以是虚构的。它使用户画像更加真实和贴近生活，可以被产品研发团队轻松地识别出来。

3）人口统计信息

包括年龄、性别、收入、地理位置等信息。考虑到产品本身的属性和价格，职业和收入是十分值得关注的。

4）个性特征

理论上讲，这类信息应该使用 MBTI（Myers-Briggs Type Indicator，迈尔斯布里格斯类型指标）人格理论或者五大人格理论来描述，但因为研发人员很难有时间和精力去做这方面的工作，所以一般基于从用户访谈得到的对用户的了解进行主观描述。

5）动机

动机可以帮助设计人员理解用户的想法。例如，用户是否愿意购买能够记录其健康信息的相关产品？问题的答案往往取决于用户是否具备某些动机。因此，研发人员要写清楚用户使用同类产品的主要动机是什么。

6）使用习惯和场景

描述用户的使用习惯和使用场景，比如用户习惯于使用某类产品或 App，他们的操作习惯是怎样的，他们在什么地点或情况下会使用产品等。

7）目标和挫折

与使用习惯和使用场景一样，了解用户的目标和挫折可以帮助研发人员更好地以用户为中心设计产品。

8）当前解决方案和问题

研发人员需要了解用户为了实现目标目前都在使用哪些产品或解决方案，在使用其他产品时遇到了哪些问题。

9）了解产品的途径

如果研发人员知道用户是通过哪些途径接触到同类产品的，比如社交媒体、电视广告、搜索引擎、朋友推荐等，就知道通过哪些渠道可以更有效地触达目标用户。

10）对产品的关注点

不同用户对产品的关注点有所不同，但总会有很多重叠的部分，比如外观、价格、安全、质量、易用性等。了解用户群体对产品的关注点，有助于研发人员在设计中更好地权衡各方面因素并有所侧重。

注意，上述内容只是提供了一个参考，研发人员可以根据实际情况或产品的类型对用户画像的内容进行自由调整。在完善用户画像时，利益干系人应尽可能多地参与进来，因为他们对用户画像的接受和认可是非常重要的，否则可能会在后面的产品功能定义阶段产生分歧。

4. 选择主要用户画像

现在，我们要选择一个用户画像作为主要的用户画像，把它当作产品的重点服务对象。产品研发团队要针对主要用户画像设计产品，因为不可能为所有类型的用户设计。所以，要对所有用户画像的关键特征进行分析，找到一个具备绝大多数用户特征的用户画像，并将它作为主要用户画像。

针对主要用户画像而设计的产品，通常应满足其他用户画像的大部分需求。这些需求没有得到完全满足的用户画像可以进一步整合，得出若干个具备代表性的次要用户画像。

每一个用户画像（每一类用户）都对产品有一些特定的需求，不同的用户画像对产品的需求可能存在一些重叠。有时，可以选择忽略某些次要用户画像。虽然他们也会使用产品，但是设计方案不必特意迎合他们。

注意，如果需要针对次要用户画像设计产品，采用的设计方案要避免对主要用户画像所采用的设计方案产生干扰，避免由于为次要用户画像的用户提供便利而影响到主要用户画像的用户的操作效率或体验。

比如，针对一款基础的短视频制作软件，用户 A 的需求可以覆盖数量众多的视频制作新手用户群体，如基础剪辑和加字幕等功能，而用户 B 的需求可能是少数的专业人士才会涉及的高级后期制作功能。产品研发团队应该将用户 A 作为主要用户画像，将用户 B 作为次要用户画像。该短视频制作软件会优先满足主要用户画像中的用户需求。

如果产品研发团队中有人符合目标用户的特征，那将会是一个巨大的优势。因为对用户的了解越深入，产品研发的成功率就越高。团队中有真实的目标用户，产品研发团队就不用对目标用户的特征和需求盲目地猜测和验证，这会极大地提高产品设计效率。

所以，如果条件允许，产品研发团队可以找一名目标用户建立好关系，让他成为团队的顾问。

5. 分享用户画像

最后，与尽可能多的利益干系人分享用户画像。尽早将用户画像分享给那些产品设计团队之外的人，包括未来将参与进来的人以及外部合作伙伴，目的是让团队对目标用户是谁、用户目标是什么等达成一致，时刻提醒团队从目标用户的角度去思考问题。

要注意，用户画像并不是一成不变的，可以随着对用户了解的深入，不断进行调整。比如，新手用户一开始关注的是产品的易用性，如操作界面是否简洁美观、是否具备足够的新手引导、每个功能的交互是否清晰易懂等。

但随着用户不断地使用产品，逐渐从新手用户变为专家用户，这时候用户关注的可能是产品的效率，如常用功能是否都有快捷键、操作步骤是否精简等。所以，不要想一次性建立完美的用户画像。

值得注意的是，用户画像的应用不限于用户调研阶段，而是贯穿整个产品研发过程。它应当成为企业制订所有决策的出发点。

案例　**某公众号通过预判用户画像，实现精准营销**

某互联网公司推出了一款儿童智能手表，并与微信公众号联手开展新媒体运营工作，活动方发布了一篇名为《XXX 儿童卫视寻找代言人》的微信推文拉开了活动序幕。仅用少量预算就实现了两周内涨粉 33 万人、访问量超过两千万的战绩。

该活动之所以如此成功，正来自活动方对于用户画像的精准判断。

该儿童智能手表是系列手表的第三代产品，适合 3 ～ 12 岁年龄的孩子进行佩戴，核心功能在于精准定位和高清双向通话功能，售价为 399 元。由此可以看出，该儿童智能手表的目标消费人群为有一定经济实力，对孩子安全问题非常关心的父母。

鉴于此消费人群的定位，活动方进一步通过用户画像预测了用户行为：女性更乐于分享，尤其是妈妈们喜欢在朋友圈"晒娃"，即分享各种与自己孩子相关的事情。不仅因为自己的孩子在心目中是最好的孩子，也有通过"晒娃"而产生聊天互动的社交需求。因此，"晒萌宝、投票排名"这种活动形式最符合该活动的活动目标。

果不其然，活动推出后，迅速裂变、引爆。活动成功固然有品牌背书、奖品激励等其他因素共同作用，但最基本的原因仍然在于对用户行为的精准预判。

课堂讨论：结合所学知识并查阅相关资料，思考建立用户画像的步骤中有哪些技巧或注意事项。

6.4　用户画像的标签体系

精细化运营的基础在于对用户信息进行标签化管理。提到用户的标签化管理，第一步就是为产品的所有用户打标签，这是用户运营最重要的起点，也是运营策略制订的基石。

6.4.1　标签和标签体系

首先，我们来了解一下什么是标签？什么是标签体系？

1. 标签

"标签"是对某一类特定群体或对象的某项特征进行抽象分类和概括。比如"教师"这个标签，其实就是对教师群体的总括，细分这一标签还可以分为教学科目、教学年级等，通过不同层级的标签找到某一群用户。

2. 标签体系

简单来讲，标签体系就是根据用户的基本属性、行为特征、社交网络、心理特征和兴趣爱好等，把个性化的用户，打上标准化的标签，并对标签进行梳理聚合，形成一个个典型的用户标签，再根据不同的用户标签做精准营销或个性化推荐。

其本质是去差异化的过程。举个简单例子：假设某淘宝女装店正筹划店庆营销活动，首先，将女装购买场景中所涉及的产品与服务，通过用户标签筛选出目标客群；其次，再进一步结合用户的偏好类标签，如投资偏好、风险偏好、产品偏好等，进行差异化营销。

6.4.2　建立标签体系的作用

建立标签体系有 3 个作用，分别是增加拉新、增加留存和降低流失率。

1. 增加拉新

某电商 App 以邀请好友得红包的形式拉新，为已有拉新行为的用户打上标签，然后为无分享行为的用户打上"无拉新行为用户"标签。然后该产品运营部门对标签为"无拉新行为用户"提高奖励额度等，不断刺激这一批无拉新行为的用户进行传播，以达到"每位用户都是推广者"的目的。

2. 增加留存

为了更好地提升用户下载量，降低下载成本，某微信公众号将旗下推文内容针对不同投放渠道针对性进行投放（推文内容和投放平台用户的兴趣点相匹配）。

3. 降低流失率

例如，某手机游戏，如果一个用户 14 日没有登录，会将该用户的状态标记为"潜在流失用户"，向用户自动发送游戏币，试图唤醒用户上线；如果该用户没有被唤醒，则把该用户的状态标记为"流失用户"，再通过移动端信息推送＋短信推送，告知玩家游戏内发放了丰厚的更好奖励，以这种形式召回用户。

6.4.3　用户画像标签体系的建立方法

标签体系的搭建过程分成下面几部分。

1. 标签体系的基础：数据收集

数据收集主要包括用户属性、用户行为数据、用户内容偏好数据、用户交易数据四类。但是我们从互联网中获取的数据，并不完全真实。比如用户 A，性别为女，但从其在某电商 App 的历史消费记录来看，购买的都是男性用品，实际上她是为男朋友购买的。这样的数据会对运营产生错误的引导。所以，对用户数据的收集，光靠运营团队是远远不够的，还需要技术团队通过大数据的分析算法能力。

通过大数据算法和模型，以用户行为数据作为基础，结合业务数据等多种数据源，帮助企业构建用户智能标签，赋能业务实现用户标签的自助式创建、维护和管理，使得用户画像更为精准，更趋近于真实的用户画像。

2. 行为建模：获取模型标签

行为建模就是根据用户行为数据进行建模。通过对用户行为数据进行分析和计算，为用户打上标签，可得到用户画像的标签建模，即搭建用户画像标签体系。

标签建模主要是基于原始数据进行统计、分析和预测，从而得到事实标签、模型标签与预测标签。图 6-9 所示为标签建模示意图。

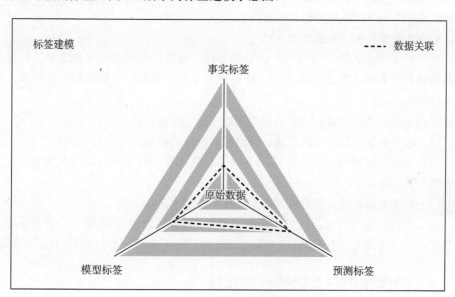

图 6-9　标签建模示意图

标签本身会有很多分类，因此在这个阶段，需要用到很多模型来给用户贴标签。

1）用户状态模型

用户状态是评价品牌与用户之间联系紧密度的重要属性，通常会以消费频次作为主要判断依据。在了解每一位用户现阶段与品牌之间的"亲密程度"后，平台可以针对不同状态的用户进行不同的营销操作。

2）用户价值模型

判断用户对于产品的价值，对于提高用户留存率非常有用。其中，客户群大致分为 8 类：重要价值客户、重要保持客户、重要发展客户、重要挽留客户、一般价值客户、一般保持客户、一般发展客户、一般挽留客户。

运营团队可以根据不同的客户价值属性来进行针对性的营销。

3）用户分群模型

用户状态、用户价值是基于用户消费行为的分析，而用户分群模型则是完全基于产品业务场景来做客群区分。

例如，电商行业则会根据用户购买的类目，将用户划分为生鲜用户、数码用户和家电用户等，以便于圈定目标群组发送定向优惠券。

3.数据输出：标签可视化

运营团队想要根据用户分群进行个性化推荐，一定要满足标签可视化的要求。比如，在检索某个标签后直接显示与其相关联标签；可以展示两级或者三级，多层级、清晰直观地看到关联情况；更进一步的是点击后，每个标签里面的详细情况也会展示出来。

比如说标签的历史浏览记录、打开渠道、分享情况、受众用户群体等，所以这也是需要依托于用户体系的相关标签结合之后的产出物。

4.有效管理机制：标签维护

对于很多企业来说，生成用户标签并不难，但是这些标签被生成之后，往往很容易被忽视，不注意维护。事实上，标签也具有生命周期，从需求提出到生成，再到审批和执行。

因此，标签体系也要有一个明确的更新规则，具体包括：

（1）标签更新周期：实时更新、每月或三个月更新等；

（2）标签更新维度：在什么情况下触发对具体用户的更新，如什么情况下更新某类用户的风险评级；

（3）标签更新权限：哪些人可以更新这个标签库；

（4）无用标签的淘汰：比如说标签库内会使用到的标签只有 50 个，但是标签库中却有 90 个，那其他 40 个就是无效标签，纯属占用资源，平台可以将这些标签删除。

6.4.4 新媒体用户画像的标签体系

为了让粉丝黏性更高、更活跃，运营者要尽量做到推送的每一篇内容都是讨喜的。如何判断用户喜欢什么内容呢？这就需要通过分析数据，给用户贴上尽可能多的"标签"。

1.年龄和性别

俗话常说"三岁一个代沟"，即年龄相差三岁的人之间就会产生一定的沟通理解障碍。这种说法当然并不绝对，但确是非常有道理的。不同年龄阶段的人所接触以及接受的内容都是不同的。假如新媒体账号粉丝都是十几岁、二十岁左右的年轻人，账号却整日推送一些鸡汤、养生文章，势必不讨喜。

性别也是至关重要的一个标签。举个简单的例子，假如女性粉丝占比高于70%，推送一些美妆护肤、情感长文的效果肯定比军事历史类的内容浏览量要高。进一步分析，在推文中嵌入一些水乳、洗面奶的女性产品，肯定比剃须刀、户外登山鞋的转化率要好。

2. 消费能力和消费偏好

一旦涉及新媒体营销，粉丝的"消费能力"与"消费偏好"就成了必须明确的用户画像标签。

消费偏好与粉丝的用户画像呈正相关，例如，母婴类公众号的粉丝们，对于育儿、居家类型的产品会更加青睐。消费能力的判断则比较复杂，需要通过尝试不同单价的产品来测试。

对于企业号来说，比起庞大的粉丝基数，更需要精准的粉丝。明确"消费能力"与"消费偏好"的标签，也是帮助企业号筛选自己精准粉丝的重要步骤。

3. 阅读偏好和地域分布

阅读偏好与新媒体内容紧密相关，如果能掌握粉丝的阅读偏好，相信阅读量肯定会有提升。但众口难调，想要精准地分析出用户的阅读偏好也不是一件容易事儿，因此需要足够的调研和数据进行进一步判断。

分析用户的地域分布数据，方便运营者在寻找选题或者热点事件的时候，能够有地区方面的针对性。而且分析地域分布数据，对明确用户"消费能力"标签也有帮助，一般来说，一二线城市的用户消费能力相对比较高。

建立用户画像的标签化体系对于新媒体运营工作来说是一项重要且漫长的任务，通过后台数据分析，可以帮助平台的账号快速成长，也可以帮助平台长期运营。

✎ **课堂讨论：** 新媒体用户画像的标签体系中还可以包含哪些标签？为什么？

6.5　新媒体平台用户画像案例分析——抖音短视频平台用户画像

能抓住市场需求，且能以低成本获取客户，是企业所期望的。时下火热的新媒体平台——抖音短视频平台，其庞大且活跃的用户群体，可以为企业带来许多用户资源。

那么，抖音用户这一群体有哪些特征呢？具体表现在以下4点（因为新媒体平台的用户是随时变化的，所以其年龄分布、性别比例等具体信息也在变化，本内容中抖音短视频平台用户相关数据均截止到2020年1月）。

1. 年龄较轻，性别趋向平衡

抖音作为一款专注于年轻人的音乐视频类社区，25～35岁年龄段的用户是主体。

抖音整体人群画像，男女较均衡，19～30岁TGI（Target Group Index，目标群体指数）高，新一线、三线及以下城市用户TGI高。抖音省份/城市TOP10分布，广东、河南、山东省占比高，郑州、西安、昆明市偏好度高。抖音男女人群画像，男性 19～24 岁、41～45 岁的用户偏好度高，女性中 19～30 岁用户偏好度高。

因此，短视频运营、直播运营不仅要围绕年轻女性来做，挖掘年轻女性用户的需求，还要注意挖掘大批男同胞的需求，进而提供更有针对性的服务。

2. 集中在东部沿海地区

消费是我国经济增长第一驱动力，而在消费市场，向来是东强西弱，东部沿海地区比中西部地区消费能力高很多。图 6-10 所示为抖音用户的属性 - 省份 VS 城市。

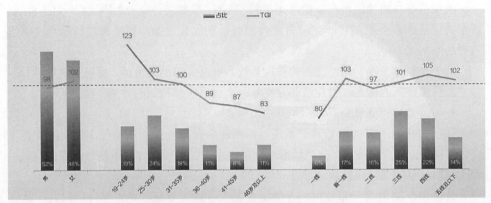

图 6-10　抖音用户的属性 - 省份 VS 城市

抖音用户在全国各省的分布情况，其中，广东、河南、山东的占比较高，分别为 8%、8%、7%。这些用户具体到全国各市的分布情况，重庆市的占比最高，为 3%，而成都、北京、广州、上海的各自占比为 2%。

这里的用户分布数据，对我们在做抖音内容运营比较重要，因为我们在发布视频时，会有地理标签的选择。

中西部除几个重要的城市，如西安、成都，大多数地区普遍消费较低。而这一趋势与抖音用户的地域分布极为相似。

抖音的发展依赖于互联网普及程度，以及当地的经济发展水平。东部沿海地区的互联网普及率相对较高，对互联网新产品的接受度也比较高。再加上经济水平较发达，在物质需求基本满足的情况下，其对精神的追求较高，愿意付费购买抖音内容。

3. 弱需求向强需求转变

对绝大部分抖音用户来说，观看视频的主要目的是打发时间、放松心情，从总体上看需求性不强。但随着抖音内容的多样化，逐步向价值靠拢，用户观看视频的需求也逐步由以休闲为主的弱需求向了解更多信息、获取知识等强需求转变。

从视频主题分类来看，搞笑类目占比最大，大部分的抖音用户更倾向去观看搞笑类视频，可见用户使用抖音更多的是一种放松娱乐的方式，其次是知识技巧分享类，在娱乐的同时也能学到知识，增强用户黏性。

近年来，抖音平台上海量的知识内容广受用户欢迎。知识类短视频的平均播放量、点赞量、作者粉丝数等，都远高于站内平均水平。知识类大 V 正在成为新的"网红"。

所以视频内容要针对用户画像进行改变，才有可能使作品冲上热门，获得高点赞和粉丝量。

4. 用户内容偏好

总体来说，抖音用户偏好演绎、生活、美食类短视频，情感、文化、影视类视频的增长速度比较快。

抖音平台男性用户对军事、游戏、汽车偏好度较高，女性用户对美妆、母婴、穿搭偏好度高。图 6-11 所示为抖音用户性别偏好。

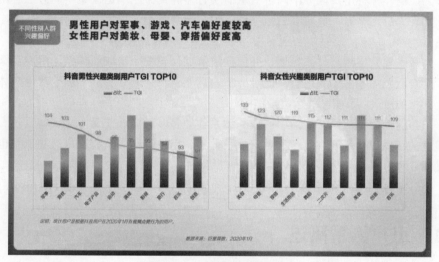

图 6-11 抖音用户性别偏好

以年龄阶段划分，"00 后"对游戏、电子产品、时尚穿搭类视频偏好度高；"95 后"对游戏、电子产品、穿搭类视频偏好度高；"90 后"对影视、母婴、美食类视频偏好度高；"80 后"对汽车、母婴、美食类视频偏好度高。

课堂讨论： 尝试总结不同短视频平台的用户画像，并总结它们之间有哪些异同。

6.6 本章小结

本章围绕用户画像的描述与建模展开，首先，了解用户画像的概念和重要性，进一步学习用户画像的主要内容，其中包括用户属性、用户行为、用户消费、用户心理和用户社交 5 个维度，进而了解建立用户画像的方法和步骤、用户画像的标签体系。最后，通过案例分析，探析用户画像对于新媒体平台的运营有哪些参考价值，为后续用户分析运营的学习打下基础。

第7章　用户体系的建立方法

用户体系属于商家和企业的一种运营手段，即通过量化的模型和标准来判断用户行为，是一种将用户区分不同价值从而实行差异化激励和运营策略的方法。用户的一切行为总地来看，其实有三条主线：用户自身行为、内部运营活动、外部广告传播。

本章主要介绍用户体系概述，并依次讲解如何建立用户成长体系、用户等级体系及用户激励体系的相关内容。通过分析实际案例，帮助读者进一步了解用户体系构建的相关知识以及实际的运营操作。

值得注意的是，同一产品中的成长体系往往是多种方法交叉，成长体系不一定是显性的，也可以是隐性的，且用户成长体系、用户等级体系和用户激励体系也有交叉部分的内容。

但可以肯定的是，用户体系实质就是一种运营手段，将用户分层并进行差异化激励。

7.1　用户体系概述

为什么要建立用户体系？不同的公司或产品会给出不同的答案，不过，大多数公司关于这个问题的答案可能都会落在下面的区间内：

（1）建立用户体系是为了更好地促进用户活跃和黏着；

（2）建立用户体系是为了更好地促进用户的转化；

（3）建立用户体系是因为目前没有体系，借助体系来提高效率。

7.1.1　什么是用户体系

用户体系是一种用户等级管理的工具，即为了更高效地对用户进行精准化管理和营销，在内部运营体系内有意识地将用户分群。它是运营者为了精细化运营用户而建立的内部使用的用户评估机制，用户不会有明确感知，换言之，用户所能明确感知等级制度或权益制度实则是会员体系（用户成长体系），这属于对外的圈层划分。

7.1.2　为什么要建立用户体系

运营一款产品，需要管理成千上万的用户，在这个大环境下，如何对用户进行分级管理至关重要，通过对用户体系的管理实现促进用户生命周期的运营达成满足产品目标，建立用户体系来促进用户周期的达成，所以 App 产品一般会根据自己的需要，建立属于自己的用户体系。

根据前面的概念解释，用户体系的本质是为了激励。例如，内容公司需要激励用户更长时间、更高频率去浏览内容；电商公司则需要激励用户更高单价、更高频率地消费等。

- 激励高价值用户持续贡献高价值；
- 激励次高价值用户更多贡献高价值；
- 刺激低价值用户逐渐贡献高价值；
- 清洗无价值用户，减少运营成本或更换策略。

7.1.3　用户体系设计思路与目标设定

不论是建立用户成长体系还是用户等级体系，都有一套可供参考的设计模板。

1. 设计思路

1）明确商业目的

用户体系的最终导向应该是商业目的，日活跃并不能够算商业目的，而活跃背后真正的商业意义在哪里？通常目的是维系用户或者提高销量等。

2）明确用户需求

例如，在家复习，用户的最直接需求是查看学习资料，因此从限制资料以及资料查看来作为所有体系的动力源，这样才能够促进用户参与到产品的用户体系中。

3）动力源

根据用户的切实需求，选取动力源，是吸引用户积极主动参与用户体系的根本。

4）环路结构

不管是采用单种或者多种用户体系，势必需要形成环环相扣的环路结构，这样才能够保证在动力源的趋势下，每一个环节都能够让用户参与，不会形成断路。

5）生态建设

基于环路设计，如何能够保障一个完好的生态圈，则是企业对规则的设定。数值策划、奖品策划、等级策划等，都是生态建设的基本元素。

2. 目标设定

1）目标设定及用户建模

对于一个产品或平台来讲，建立用户体系，必须要基于一个核心目标，即用户分级，实现精准运营，为高价值的用户提供更优质的服务。

那么，什么样的用户被称为高价值用户？以视频产品为例，观看时间长、观看频率高、购买频度高、平台重视度高的用户就是高价值用户，如果同时用户还是一个具有知名度和权威性的用户，那么其价值就更添一筹。

2）积分获取

（1）积分获取的行为。

平台应先设定目标，再以目标为导向。

以教育产品为例，可以分为四大核心目标：保持日活、提高活跃度、提高付费、为其他业务线引流。那么，就衍生出相应的用户行为：日活，通过登录签到送积分，签到又细分为连续、累计等；提高活跃度，那就要给学习奖励，学习时长、学习课程难度、当日、累计等，不同行为不同分值；其他的还有购买奖励，区分单点、月包、年包等，以此来推动用户付费。

（2）积分消耗。

用户在获取一定的积分之后，可按各自的等级，用积分去换取相应的东西，即所谓的积分消耗。积分的用途可以概括为 4 种，如表 7-1 所示。

表 7-1　积分的用途汇总表

积分消耗类型	举例
功能特权类	例如，免广告、产品相关的功能扩展、获取生日礼包、单次操作获得更多经验值、达到活动参与门槛等
资源优先类	例如，官方热门推荐、优先推荐参与官方活动、提高活动中奖率、优先客服处理等
视觉差异类	头像、昵称、挂件装饰元素、登录动态效果等
兑换抵现类	（限时／抢先）兑换礼物、参与抽奖、商城消费抵现等

7.1.4　用户等级划分与运营综合管理

不论是用户成长体系还是用户等级体系，又或是用户激励体系，都属于用户运营体系，其中有一些通用的基础知识，即用户类型与运营综合管理。

1. 用户等级划分

以用户类型划分，用户类型分为新用户、普通用户、核心用户和种子用户。

1）新用户

新用户即刚使用或未使用的用户，对产品处于初级认知阶段。属于用户增长的基数，开源用户。

针对该类型用户，平台的运营目标是传达产品的价值，同时去培养用户使用的习惯。

例如，在短视频营销的场景中，视频 UP 主（uploader，网络流行语，指在视频网站、论坛等上传视频、音频等文件的人）发布视频后，用户基于对视频内容的喜好，关注 UP 主，也就是"路转粉"，对于 UP 来讲，也就是新增用户，即新用户。为了让新用户养成持续关注的习惯，UP 主会持续生产并发布视频作品，目的就是为了不断增粉以及提交粉丝的黏性。

2）普通用户

普通用户是指使用频次较高，观看点播较多，没有或偶有付费行为的用户。数量庞大的内容消费用户，是整个产品有效用户的基数，也是活跃用户的来源。

针对普通用户，平台的运营目标应该采用二八原则，通过普适性的活动，将新用户筛选和转化至活跃 / 付费用户。

3）核心用户

核心用户指深度使用用户，高频点播和付费用户，该类型用户可以活跃氛围，推老带新，是内容消费和产生互动的主力军。

针对核心用户，平台的运营方式以策划参与度高、有实物奖励的线上活动为主，福利和特权为辅，专人负责常规化运营，保证团队活跃度和流动性。

4）种子用户

种子用户是指高忠诚、高贡献度用户，除产品基础点播付费，乐意互动分享。该类用户可以提升产品的黏性、KOL 权威性和知名度，甚至参与产品设计决策。

针对种子用户，平台的运营方法是关系维护，实现情感和金钱方面的满足。

当然，用户等级的划分不是绝对的，也不局限于上述几种，要视具体情况而定。

2. 运营综合管理

用户运营综合管理分为 3 个部分，分别是用户日常管理、活动管理和商城管理。

1）用户日常管理

用户日常管理包含用户身份设定和用户拓展详情两部分。

用户身份设定包含会员、等级、积分数、会员时效性、渠道等筛选项；用户拓展详情包括账号、头像、积分明细、手机号、支付账号、收货地址等。

2）活动管理

活动管理包含 4 个部分。

- 创建任务、修改、关停，上下线管理（定时功能）、投放及推荐管理。
- 积分兑换、观影券兑换、会员资格兑换，众筹、抽奖、问卷。
- 活动中奖概率管理。
- 风控（奖品预设提醒、多奖品空仓提醒、挤兑提醒、人工强制等）。

3）商城管理

商城管理包含奖品相关和奖池风控两部分。

奖品相关包含有奖品的品名、数量、图片、价值、等级权限；奖池风控则包括中奖概率设定、奖品空仓提醒、挤兑提醒、人工强制等内容化。

总结来看，有以下 3 点技巧可供参考。

（1）确定核心用户，抓住核心用户的需求和痛点能带来大部分的利润。

（2）用户忠诚度，如果用户忠诚度都很低，很容易流失，则很难给产品或平台创造价值。平台的价值和所提供的服务是产品应该得的相关价值和利润。

（3）老用户 & 新用户：吸引新用户，留住老客户。做了用户的归类，之后就是价值的构建，对用户的不同子库的行为数据，确定不同的标签，根据标签设计做有针对性的积分促销方案。

课堂讨论：结合个人体验，分享你所知的互联网产品用户体系。

7.2 建立用户成长体系

用户成长体系是一套独立于产品核心功能价值之外，但是又融合在用户和产品之中的产品连接力。

好的用户成长体系，会很好地促进用户活跃，增强用户黏性，提升产品的商业价值。产品发展到一定阶段，都需要着手构建自己的用户成长体系，进一步提升产品价值。

7.2.1 什么是用户成长体系

成长体系是通过数值化用户行为，累加求和后作为用户对平台忠诚度、贡献度的衡量依据，同时可以刺激用户留在平台的一套结构。成长体系是一种运营手段，但很多时候由产品经理负责规划实施。

根据用户对产品使用习惯进行有效激励的一种措施和手段，以此为用户完成新手期及成长期阶段，通过完成特定功能任务即将对应的积分点数晋级，不同的等级开放不同的功能和权限，类似产品如早期的 BBS 社区，要完成某些特定功能任务才可以发帖。

建立用户成长体系，无论是对用户还是对平台，都有着积极的意义。

对于用户来说，一个好的用户成长体系有助于引导用户使用产品功能、满足用户成就感，尊享更多更好的特权，同时能从平台中获得利益（优惠、地位、名气等）。

对于平台来说，能够通过用户成长体系了解用户使用情况，将不同层级的用户区隔开，为后续的精细化运营做准备。用户都需要激励，平台必须建立用户成长体系，才能更有效地留住用户，促进用户活跃，增强用户黏性。用户运营人员通过各种手段拉来了用户，后续就需要对这些用户进行维护、管理，提高他们使用产品的时间、频率，提高产品黏性和用户生命周期。

用户成长体系分为 3 类：福利驱动、内容驱动、功能驱动。

福利驱动：滴滴、神州专车、拼多多，电商平台的各类会员等。

内容驱动：知乎、小红书等，通过账号的升级提升荣誉感和传播力。

功能驱动：爱奇艺会员、腾讯视频、携程、飞猪，通过账号的升级解锁各种技能。

企业要根据自身的产品功能和用户诉求进行用户成长体系的选择，并随着企业的成长持续运营，持续的运营才有持续的价值，切忌放任不管。福利规则的制定往往代表着企业的意志，是企业希望看到的发展方向。

7.2.2　建立用户成长体系的原则

用户成长体系应体现平台核心业务特色，其中的元素和机制应该尽量体现独特性，而不是在哪里都可以套用的东西。

1. 体系投入产出需要平衡

预防投入过大的成本，只获取微薄的收益，或没有经过精细计算的成长机制。

2. 经验体系需要分离

一家公司内不同的业务体系之间的成长体系和货币体系要分离开来，不同业务体系拥有不同的成长体系，可以更加灵活不受限制，运营起来更加方便。

3. 用户需要分类

不同用户使用不同的方式激励，可把用户分为新用户、普通用户、活跃用户、核心用户等。

4. 体系可被拓展

假如等级较少，用户容易满级，这个体系就失去原有的价值和作用了。用适当的方式，实现体系的可持续发展，是一个决定体系优劣的重要因素。

5. 门槛可被进入

入门门槛太高，难度太大，容易失去激励用户的意义，开始时尤其要注意不要让用户望而生畏。

6. 激励可被感知

不能骚扰用户，但是也不能一点都不通知用户，适时地强调用户成长体系的存在感，体现不同的差异化和可展现性，用户才有动力去玩。

7. 等级可被期待

用机制和玩法保持稀缺感，同时可考虑增加降级或下限机制，例如，连续 12 个月不发言将销号、未完成任务降级等。

8. "刷假"可被预防

包括每日任务只能做多少次，特定行为只计算第一次有效，重复同样内容不计数等，也是有效保证体系稀缺感的做法。

7.2.3　建立用户成长体系的方法

建立用户成长体系有 3 种方法，分别是积分 / 成长值 / 经验值、等级会员和勋章 / 奖章 / 成就。

1. 积分/成长值/经验值

通过完成某一操作 / 任务而获得，作为评判等级的量化区间，有时候也可兑换礼品，享受某一权益。常见的形式有游戏 / 网站中的升级、积分享受优惠、积分兑换礼品等。

2. 等级会员

等级会员将用户依照某一标准进行分级，不同的用户等级匹配不同的权力范围。

常见的会员等级：普通会员、铜牌会员、银牌会员、金牌会员、白金会员等。

3. 勋章/奖章/成就

为符合某一要求/某一任务的用户颁发证明，表明用户的参与经历/某一特性，常见如新浪微博勋章。

另外，用户成长体系还有其他的方法。

（1）关注数/粉丝数：即多少人关注，也可在一定程度上反映用户在社区/网站上的影响力与话语权。例如，小红书的粉丝数和知乎的关注人数。

（2）认证：实名认证、企业认证等。比如新浪微博的认证加 V。

（3）虚拟货币：某社区或特定群体中流通的虚拟币种，可以获取和实现资源交换。例如，王者荣耀中的金币、钻石，可以用来购买英雄与皮肤。

（4）标签/评价：可以自行添加或他人添加，自我评价是个人推介，他人评价是社交满足。

（5）排名：根据不同维度进行用户间的排名并作出相应展示。如抖音的推荐机制。

（6）签到/任务/分享：为常见的用户成长体系方法，用来增加用户黏性和社交推介。

7.2.4　建立用户成长体系的步骤

建立用户成长体系有以下几个步骤。

1. 准备工作：完成"5个明确"

在开始着手设计用户成长体系之前，需要完成"5 个明确"，分别是战略、平台、产品理念、目标用户和使用场景，图 7-1 所示为建立用户成长体系第一步：完成"5个明确"。

图 7-1　建立用户成长体系第一步：完成"5 个明确"

1）战略

战略，即公司的战略方向，侧重点。

2）平台

平台，是 PC 端还是移动端？视频平台还是图文平台？公域流量平台还是私域流量平台？泛娱乐平台还是垂直领域平台？

3）产品（企业 / 个人）理念

- 产品的定位？
- 产品处于哪一阶段？
- 产品现阶段的目标是什么？

4）目标用户

- 目标用户是哪些人？
- 目标用户有哪些需求？
- 目标用户的行为特点？
- 目标用户的使用习惯？
- 如何激励和维护目标用户？

5）使用场景

- 产品的使用场景是什么？
- 用户在何种条件下使用产品？
- 场景的特点和限制的因素是什么？

2. 建立量化模型保障用户预期

用户成长体系需要通过建立可量化的模型，如积分、成长值等指标，来定量的建立模型。这样可以方便有效地进行积分或成长值的运算，而不是随心所欲不断变化。

总结起来就是，有维度可考量，有标准来计算，下面介绍三种制度模型。

第一，奖惩制度。根据用户不同的行为和表现，给予用户正向或负向的回应。

第二，等级制度。将用户进行分级，不同的级别代表不同的权限范围。

第三，晋升制度（升级、降级、保级）。不同等级之间切换所需要的条件和途径。

那么，如何设计上述三种制度呢？主要有 RFM 模型和预先设置标尺 / 标准两种方法。

1）RFM 模型

RFM 模型是衡量客户价值和客户创利能力的重要工具和手段。在众多的客户关系管理（CRM）的分析模式中，RFM 模型是被广泛提到的。该机械模型通过一个客户的近期购买行为、购买的总体频率以及花了多少钱 3 项指标来描述该客户的价值状况。

其中，R 是指最近一次消费，F 指消费频次，M 指消费金额，即从三个维度对用户进行分级。

2）预先设置标尺 / 标准

上述制度中的指标设置，可以预先设置其中的一两个数字，从而倒推其他数字。

举一个例子，某电商平台的会员等级晋升要满足两个条件：

- 累计购物达到一定数额；
- 累计退货款金额不超过累计金额一定比例。

会员等级保留要满足两个条件：

- 每月最低购物次数 / 金额；

- 累计退货款金额不超过累计购物一定比例。

3. 周期性用户运营

将用户按照用户行为进行分层与分级别，青铜、白银、黄金、钻石、荣耀、星耀等不同的奖励对应不同福利系统，或者对应权益不同，培养粉丝系统。

图 7-2 所示为周期性用户运营思路图。

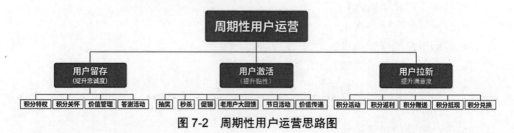

图 7-2 周期性用户运营思路图

4. 针对不同用户设计目标

针对不同层级的用户，判断哪些手段能达成平台目标，目标如促活、促交易、促留存等。

值得注意的是，用户与产品之间的关系培养流程为无忠诚——习惯——满意——有感情——忠诚。

图 7-3 所示为针对不同用户设计目标的思路图。

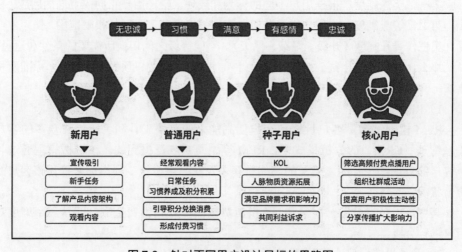

图 7-3 针对不同用户设计目标的思路图

5. 针对不同目标设计行为手段

针对不同的目标设计行为手段，如相关活动复购、充值、返现、购卡、积分、次开、包卡等。

图 7-4 所示为针对不同目标设计行为手段的思路图。

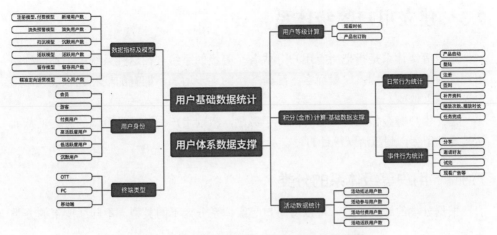

图 7-4　针对不同目标设计行为手段的思路图

6. 确定触达渠道

确定了用户层级、阶段目标、测试手段，然后需要解决的是触达渠道。接下来是展现形式，这里就涉及文案配图、App 弹窗流程、短信连接、海报二维码流程等。

图 7-5 所示为确定触达渠道的思路图。

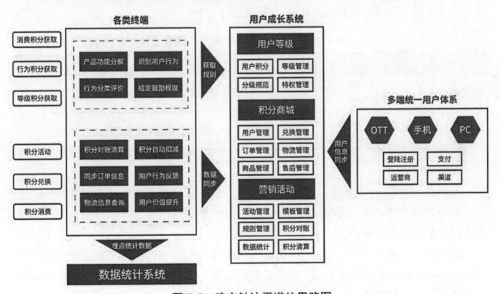

图 7-5　确定触达渠道的思路图

最后是数据反馈与数据收集，及时反馈与事后复盘的分析行为。

课堂讨论：建立用户成长体系的过程中有哪些注意事项？

7.3　建立用户等级体系

用户等级体系是指把所有用户分成各个等级的系统，在这种系统中，不同等级用户拥有的权利不同，一般而言，随着等级的逐步增加，拥有的权利越来越大，用户人数越来越少。

建立用户等级体系的核心目的在于激励，激励用户去做产品希望的行为，从而达到增加留存，刺激活跃等目的。

7.3.1　用户等级体系的分类

根据分类的维度不同，可以将用户等级体系分为不同类型，不同纬度下的分类会有一定交叉。

1. 是否付费

需要对用户等级体系和积分体系进行区分，这两个系统是相互独立的。积分可以被消耗，如电商积分可以抵现或换券，而等级体系中的分值是不会被消耗的。在很多产品中，这两者是共存的，如京东的京豆豆是积分体系，可以抵现。而京享值则是等级体系，用来对应用户等级，京享值只会随着行为累计增加。

表 7-2 所示为不同付费方式的用户等级划分。

表 7-2　不同付费方式的用户等级划分

体系	特点	产品	是否付费
付费等级体系	付费后立即可得到相应的等级特权	如电商会员、QQ 钻等	是
非付费等级体系	用户必须付出相应的努力，才能到达某个等级	如社区类、直播类产品等	否

2. 激励方式

成就体系和特权体系适用于不同形态的产品，成就体系多用于社区类产品，通过满足用户的情感诉求达到激励目的。而特权体系更适用于工具类产品，通过提供具体的权利和服务来激励用户更多的使用产品。

成就体系一般不依赖于用户的成长值，而是以特定事件作为目标，对用户进行奖励。特权体系则依赖于成长值，当成长值达到某一等级后，用户可以获得对应特权。成就体系很少单独使用，一般而言，这两种体系常常互相交叉，配合使用。

表 7-3 所示为成就体系和特权体系的用户等级划分。

表 7-3　成就体系和特权体系的用户等级划分

体系	特点	产品
成就体系	到达某一等级，得到相应的精神激励	社区类、直播类产品，如个性化等级图标等

续表

体系	特点	产品
特权体系	到达某一等级，得到相应的特权或物质激励	工具类、直播类产品，如扩容、增加免费数量文件、获取经验值加倍、功能使用权限开通、进场特效等

7.3.2　建立用户等级体系的方法及步骤

用户等级体系应该是贯穿整个产品周期的，一个完整的用户体系，对处在不同阶段的用户可以起到不同作用，一旦设计好后最好不要轻易改动。

建立用户等级体系首先明确两点：

- 什么样的产品适合做用户等级体系？
- 什么时间点引入用户等级体系比较合适？

第一，什么产品建立用户等级体系。用户等级体系的核心在激励。一方面，对于强烈刚需的产品，即使不激励，用户也会主动使用，如微信。另一方面，等级升级需要较频繁的用户操作，对于低频需求的产品而言，也不适合建立用户等级。因此，高频、需求没有那么强烈的产品更适合建立用户等级体系，如社区、直播、电商等。

第二，什么时间建立用户等级体系。用户等级体系从本质上而言是一个管理用户的系统，这个系统可以在设计产品之初就进行规划，但只有拥有了一定基数用户时它才能真正起到作用。同时，平台也能根据已有的用户数据设计出更加适合产品的用户体系。

可以根据以下几个步骤建立用户等级体系。

1. 确定业务指标

确定平台看中哪些业务指标，根据这些指标来对用户进行分类。产品不同，关注的指标也不相同。社区类产品一般更关注用户的互动行为，如发帖数、回帖数、阅读时长等。电商类产品更关注用户的购买行为，如客单价、复购率、访问次数等。直播类产品关注用户的观看时长、赠送礼物、关注直播、分享直播等。

2. 用户分类

利用确定的业务指标对用户进行分类，例如，每一项指标达到多少以上就可以归为哪一类用户，这种分类方法是对用户各方面行为的平均考量。平台可以根据已有的用户数据作为参考，粗略将用户分为种子用户、核心用户、普通用户和新用户四大类，每一类中再进行具体的划分。

如果没有历史用户数据，也可以根据产品特点和市场上同类产品的数据来参考划分。完成这一步，平台会得到相应的一些等级。

3. 定义业务指标权重

一方面，对挑选出的业务指标进行权重定义，这一步的作用主要是为了将用户的行为数值化。再结合第二步中各类用户的指标，我们就能初步得到各个等级对应的成长值。在这里为什么说得到的成长值是初步的呢？一是因为这个值对各等级只具有相对意义，并不具有绝对值意义；二是根据分类标准不同可能会出现不同的异常值，需要进行人为调整。如你可能会发现，按第二步的标准划分用户后，可能会出某一低等级用户的分值高于高等级用户的分值，这时候就需要判断是否调整业务指标的权重。

另一方面，我们也可以根据历史用户数据来计算每日的成长值上限。根据成长值上限，可以估算出各等级之间升级所需的时间及难度是否合理，来进一步验证第二步中用户分类的标准是否合适。

4. 选择等级

虽然我们在第二步中已经获得了相应等级，但这些等级可能并不适合都放入用户等级体系中。等级体系中的各等级对用户而言就像目标，太容易或太难达到都会让用户失去兴趣。所以一般而言，无论哪种产品形态，等级体系总是遵循前期升级容易，后期升级难度更大的原则。更具体的等级难度选择，则应该根据产品特点和目的而定。

5. 选择激励方式

做完前四步，我们已经搭建起用户等级体系的框架，现在需要的是填充内容，选择激励用户转化的具体方式。表 7-4 所示为用户体系激励方式汇总表。

表 7-4　用户体系激励方式汇总表

用户激励的动机	举例
使命感	• 蚂蚁森林
发展 & 成就	• 任务 • 等级、勋章、积分、排行榜
创造力	• 解锁关卡
拥有感 & 占有感	• 收集 • 虚拟宠物、农场、牧场
社交影响 & 联系	• CP、师徒、团队 • 团购、竞争、邀请码、分享
稀有 & 无耐性	• 限量道具、稀有卡片 • 秒杀
未知 & 好奇	• 砸蛋、抽奖 • 匿名悄悄话
失去	• 限时免费、打折、连续签到

课堂讨论： 结合课堂所学知识并查阅资料，思考还有哪些元素会激励用户。

7.4　建立用户激励体系

用户激励渗透到产品的方方面面，激励体系是一种具体的呈现形式。用户激励体系包括：成长等级体系、积分虚拟货币体系、任务勋章体系。

除体系外，产品的细节和营销文案的优化也对用户激励起到重要作用。做用户激励体系不要为了交差而做，本质还是要促进用户活跃，达成我们当前的核心商业目的。用户激励体系要有数据说话，用数据持续调整优化。

7.4.1　什么是用户激励和用户激励体系

激励是一个管理学概念，就是组织通过设计适当的外部奖酬形式和工作环境，以一定的行为规范和惩罚性措施，借助信息沟通，来激发、引导、保持和规范组织成员的行为，以有效地实现组织及其个人目标的过程。

简单地说，就是给用户一些他们会感到"爽"的东西，来让用户做一些能够帮我们的产品达成某些商业目的的事情。有三个关键，明确商业目的、激励赏金和目标行为。

说起来有点抽象，举一个容易理解的例子：一家商店快要搬走了，但是仓库里还有很多库存需尽快清掉，由此出现了"清仓大甩卖，最后三天"的活动。

经过分析，我们知道当前核心商业目的是推动用户尽量提升单次的购买件数。于是，可以提出多购买一件商品送一件商品，来激励用户多买一件商品。

在这里，商业目的是清库存；目标行为是推动购买；激励赏金是买一送一。

用户激励，是游戏化思维在产品中最明显的应用，需要有清晰的目标，明确的规则，及时反馈的系统，并且用户可以有自愿参与的自由，这些都是一个好的用户激励体系的基本特征。也就是说，用户激励体系的本质在于，通过树立清晰可感知的目标，有吸引力的奖励，引导用户做期望他们做的事情，从而传达产品意志。

当产品发展到一个阶段，需要对用户产生一定的指引、教育新用户，或者促进用户的活跃度时，搭建用户激励体系是一个可以考虑的手段。

但值得注意的是，用户激励体系不是一劳永逸的事情，给产品强行建立用户激励机制，也是会带来许多反面效果的。

1. 劣币驱逐良币

产品加入激励体系之后，会不会涌入大部分玩家型用户，他们进来只是为了获取奖励，导致真正用户的核心需求无法得到实现或者社区环境被破坏？

2. 德西效应

这种心理就像是，我帮你的忙是因为你是我朋友，我乐意无偿帮助你，而你却拿钱给我，让我有一种尴尬的感觉，从而失去吸引力？

3. 成长停滞

引导式奖励会不会让用户沉溺其中，无法得到真正地自我成长，总是需要被驱动才能前进？

课堂讨论：用户激励体系为什么会有负面效应？

7.4.2　用户激励体系建立方法

我们可以从两个维度建立用户激励体系，分别是产品角度和运营角度。

1. 产品角度

产品角度中又分为精神激励和利益激励两种。

1）精神激励——成就体系

成就体系其实是和用户成长体系是有一部分重叠的，重叠的部分其实就是等级体系，这里的成就体系还包括用户权限系统和用户任务系统。

（1）用户权限系统

开放一部分权限给高级用户不仅赋予他们权力感，更是给予一定的仪式感。但是重要的是涉及权力的释放和管理，如果权力放出去了，无法很好的管理导致混乱，要收回来就很难了。

所以释放节奏要慢，门槛可一级级设置，并且做好监督工作。

例如，微博超话主持与小主持人。

主持人申请的条件至少具备以下一种：

- 金 V 或微博百万阅读量用户；
- 相关贴吧吧主或兴趣部落酋长；
- 所申请超话内通过上个月考核的小主持人（签到 20 天）/ 超话内活跃粉丝（等级 ≥ 6）；
- 超话对应粉丝团或组织账号负责人。

小主持人的申请需要主持人的通过，这样才体现权力的层级性，这就达到了社区内自我监督的作用。主持人一定程度上会代替运营人员来监督小主持人，小主持人又会监督超话粉丝。

（2）用户任务系统

用户任务系统可以分为新手任务、晋级任务、荣誉任务等。新手任务是帮助用户熟悉产品很常见的一个手段，完善资料、添加好友等给予一定的积分。而晋级任务奖励，比如勋章奖励等则可以给予用户仪式感和挑战心理。

2）利益激励——财富体系

财富体系其实也可以叫作社区金融体系。一般分为两大板块，账户余额和财富积分。

二者的区别就在于一个是真实的钱，另一个是产品奖励。账户余额是产品核心商业目的的直接支付手段，通常账户余额是通过真实的货币（人民币）充值获得的，兑换比率是 1:1。

而财富积分则是区别于虚拟货币支付体系，用户会因为完成产品事先规定的任务而获得虚拟货币的奖励，一般具有价值，可以兑换某种特定的产品或者服务，比如说某电商平台的积分可以兑换购物券，淘宝的淘金币可以抵一部分消费金额等，而为了避免通货膨胀，伴随而来的就是大部分都具有时效性，一段时间不用就会失效等。

图7-6所示为淘金币任务界面。

（a） （b）

图7-6 淘金币任务界面

2. 运营角度

从运营角度来讲就是情感激励，也就是大部分产品都在积极尝试的社交体系。

社交体系从两个角度来讲，一是运营人员对用户，二是用户对用户。

从运营人员对用户的角度来讲，情感激励的前提就是做好基本的"类客服"工作，努力服务好用户。不仅仅做好产品运营的工作，还要做好用户运营的工作，主动接触用户，体验情感激励、运营的过程。

从用户对用户的角度来讲，一般都采用单向和双向互动形式来加持，比如说点赞就是单向的互动方式，点赞是正面的情绪反馈，而踩是负面的情绪反馈。另外一种与点赞类似的互动方式就是收藏，评论也是针对内容的互动方式，评论一般也是单向的。

关注也是单向的互动，关注之后一般会被称为粉丝，关注是为了持续获取被关注对象所产生的内容，这是对被关注对象的一种高度肯定，好友是双向的互动关系，是最高级的互动方式，因为加好友是建立一个长期关系的开始。

7.4.3 会员激励体系的设计要点

会员激励体系的设计要点包括两个部分：一个是等级体系；一个是积分体系。

1. 等级体系

可视化的等级对于我们是一种内在激励，当我们的生活中存在一个等级体系后，人们便会有内驱力去驱使自己争取更高的级别。

等级体系的设计需要考虑如下要素：

（1）等级阶梯与等级权益差异化：设计一套有差异化的权益体系，要让高价值用户持续感觉到舒服，并且激励低级别用户去升级。设计要点如下：

● 多少个等级才叫作合适呢？

这个取决于不同的产品，一般来说，越是高频使用的产品，所对应的等级应该是越多的。若出现等级太多的问题，让每个等级之间都存在差异性是非常困难的，于是通常会把几个小等级划归为一个大等级，这个大等级内的用户拥有相同的权益。

● 等级差异性与权益。

一般来说会有两种套路：一种是解决用户不同的痛点，高等级的用户能够帮助他们解决更多的痛点；另一种套路是，对于同一痛点给予不同程度的解决，例如，高级用户和低级用户的包邮金额不同。

（2）级别的衡量指标：有一个数字来衡量这个级别，最好要和自家产品有关联的，例如，淘宝的"淘气值"、大众点评的会员等级。设计要点如下：

● 数值命名非常重要。

现今有等级体系的产品实在太多了，为了让用户能记住产品对应的忠诚度体系，需要有一个跟产品匹配的名字。

例如，京东叫"京享值"，淘宝叫"淘气值"，航空公司的积分多叫"里程"。

● 如何确定每提升一个级别需要奖励多少成长值？

等级体系并不是产品上线就存在的，级别分割决策，最好是按照当前用户的分布和未来发展的规划来制定。比较合理的升级办法是金字塔设计，就是低级用户升级很简单，到很高级的用户升级就很难了。

图7-7所示为金字塔形用户体系设计。

图7-7 金字塔形用户体系设计

（3）升级提醒：在商业世界里面，任何一件让对方得益的事情，到头来也是为了达成自己的目的。我们如果不敲锣打鼓地告诉用户他获得了新的权益，用户又怎么会记住我们呢？

设计要点：多渠道推送。

要通过站内、站外的多渠道，告诉用户已经升到下一个等级，并宣导升级之后的最新用户权益有哪些。可以在用户升级后弹出浮层、个性化闪屏，也可以通过发送站内信、短信来通知用户。

2. 积分体系

积分是一种返利机制，主要是在用户每次按照指定路径使用产品，都会获得一定的虚拟货币，虚拟货币一般只允许在当前产品使用。

1）积分的获取

积分的获取与上文提到的"等级衡量指标"的获取方式是类似的，多数为用户持续完成某个支持产品商业目的的行为，如持续购买可获得积分。再配合用户完成某些指定任务，如用户首次登录、首单、对购买的物品进行晒单和评论。

目前，互联网常见的获取积分方式有两类，如表 7-5 所示。但从本质上来说，积分的获取需要关联那些与产品核心增长指标和商业目的高度关联的指标。

表 7-5　互联网常见的获取积分方式

获取积分的方式	举例
社交类	• 每日登录或签到 • 分享获取积分或者转发获得积分 • 每日在线时长满多少，获得积分
电商类	• 消费可获得对应的积分 • 评价商品获得相应积分 • 晒单获取积分 • 满意度的评价获取积分

2）积分的消耗

积分的兑换：兑换产品内优惠券、兑换产品周边，甚至介入一个外包的积分商城供应商，提供各种礼品。

游戏化消耗：可以在会员俱乐部设计大转盘、积分精彩比赛胜负等，让用户消耗积分，回收成本。

3）积分商城的站内运营

第一阶段：积分商城上线时，要充分宣传积分的价值，应该在站内显眼的位置宣传积分与实物礼品的价值对比。

第二阶段：当用户开始收集积分后，就需要学会控制成本，例如，定期积分清零；还有设置一些积分回收项，例如，积分竞猜和积分抽奖等方法。

第三阶段：当积分商城已经有一定活跃度之后，我们可以考虑利用积分商城变现，例如，积分现金加价购等。

4）任务与成就体系

任务与成就体系是另一种积分体系，积分体系奖励的是有现金价值的虚拟货币，而任务体系则赠予无现金价值的社交货币。主要是满足某些条件后，用户能够获得一些虚拟勋章。虚拟勋章主要是上文提到的"拥有感""进步与成就感"。

所以，成就体系的设计要点就是如下两个。

（1）足够好看的成就勋章。

成就徽章足够好看、足够有趣，才会对用户有足够的吸引力。图7-8所示为某平台成就徽章。

图7-8　某平台成就徽章

（2）要有攀登感和层级感。

同样的一个成就，可以设定几个等级，用铜、银、金来标识他们，让用户在做成就任务时有攀登感。同时，成就体系从简单到困难，也应该对应成就勋章越来越精美。图7-9所示为某游戏的排位等级徽章。

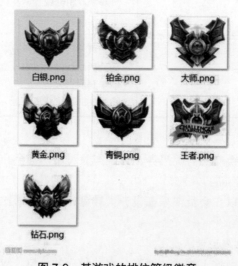

图7-9　某游戏的排位等级徽章

🖊 **课堂讨论**：对于用户成就徽章的设计，你有哪些建议？

7.5　用户体系案例分析

用户体系是一个庞大的产品设计范围。其不仅仅需要产品经理对功能性的理解，还需要对产品的规划、数据运营、产品运营的沟通和了解。本节主要从案例着手，进一步分析用户成长体系和用户激励体系是如何建立的。

7.5.1　案例一：淘宝"淘气值"用户成长体系分析

作为一个购物平台，淘宝就和线下商城非常相似，目的也是要创造一种充满想象力的物质化氛围让用户流连忘返。为一个个店铺带去客流量是淘宝平台的责任，店铺的成交额是淘宝平台价值的体现。

这套用户激励体系正是协助淘宝平台沉淀流量、提升用户消费金额的工具。

1. 会员体系

淘宝的会员体系分为 3 个类型。

- 普通会员：淘气值≥ 300 且＜ 1000 分；
- 超级会员：淘气值≥ 1000 分；
- APASS 会员：是属于主动邀请制，不支持任何形式的会员主动申请，邀请朋友加入。

淘气值是阿里巴巴集团阿里会员等级划分的依据，淘气值 1000 分是个分界点，1000 分以下属于普通会员，1000 分以上是超级会员，占比仅 3%。作为衡量国民消费力的重要指标，淘气值不只看购买力，是否爱评价、爱分享乃至诚信度是否够好，都会影响淘气值。

这里，可以把淘气值视作一个用户分层的工具，根据用户在淘宝、天猫的购物金额、购物频次、活跃贡献等行为价值将用户划分成三六九等，再根据等级给予对应的激励权益。包含的权益就涵盖了淘金币的每日获得数、天猫积分兑换权利、88vip 的购买优惠价，还有一些极速退货之类的服务。

图 7-10 所示为淘气值界面以及淘气值分值构成情况。

（a）　　　　　　　　　　（b）

图 7-10　淘气值界面以及淘气值分值构成情况

综合用户过去12个月在淘宝购买、互动、信誉等行为而算出的一个分值，用以衡量用户在淘宝的会员等级，每月8号更新一次。由基础分、购物分、奖励分组成。

表7-6所示为淘宝淘气值构成表。

表7-6　淘宝淘气值构成表

淘气值组成部分	包含内容
基础分	只包含一个信誉分，新用户注册后得到的淘气值400分其实就是基础分。该分值属于惩罚性质的，淘宝会根据用户违规的行为进行减分。而购物分、奖励分则是鼓励性质的，是根据后续行为增加的
购物分	购物分是近12个月购买金额的综合分值。每一单笔订单、每日、每月、每一类商品、每一个店铺都设置最大可得分。其中，实物类商品的最大可得分高于充值、票务、航旅等虚拟类商品的最大可得分
奖励分	奖励分是近12个月内购买的商品类目数。反映真实消费体验的文字评价、带图评价、追评、分享被点击数、参与次数、购买成交天数、连续购买月数的综合分值。参与淘宝亲情账号活动，还可以获得额外的奖励分值。每一项在每日、每月都设置最大可得分。奖励分受购物分正向影响，购物分越高，奖励分越高

值得注意的是，淘气值权益对应的行为时间范围被划归到近12个月内，为什么要有时间限制呢？

通过时间的限制，可以规避低频高消费用户的问题，比如冲业绩的"黄牛"等。

淘气值是基于淘宝丰富的大数据基础，将不再以购买力作为唯一参照，而是通过综合计算购买力、互动指数和购物信誉等核心指标，最终得出一个分值，该分值即是会员等级。

淘气值将原本VIP体系中笼统的等级概念做了细分，划分出购买、互动和信誉这三个核心指标，这有助于帮助我们找到真正想要鼓励的用户，也是淘宝实现社区化、内容化的重要方式。图7-11所示为提升淘气值的办法。

图7-11　提升淘气值的办法

通过这样的分层，可以帮助淘宝甄别出不少特殊用户，也方便制定出更合理的用户福利机制，以促进用户留存、提升销售转化。

比如说，不想购物只想做任务的顾客，淘气值肯定是不高的，反映在通过金币庄园得到的金币不多。再例如，淘气值低于 400 分的用户，该类型的用户是仅仅能得到平台给予的一点权益甚至基本没有权益。签到无法获得淘金币，88vip 的购买价格也高达 888 元人民币。

2. 等级权益

淘宝平台中，不同的会员等级有着不同的会员权益。

表 7-7 所示为淘宝会员权益汇总表。

表 7-7　淘宝会员权益汇总表

会员等级	会员权益
普通会员	・购物奖励 ・生日权益 ・极速退款：0 ~ 5000 元不等 ・换肤权益
超级会员	・购物奖励 ・生日权益 ・极速退款：1000 ~ 5000 元不等 ・换肤权益 ・超级客服 ・退货保障卡：每周一张
APASS 会员权益	・购物奖励 ・生日权益 ・极速退款：授信 10000 元 ・换肤权益 ・超级客服 ・退货保障卡：每日一张 ・一键召唤

针对上述权益，还有相关的权益说明。

1）购物奖励

用户在支付完成时，在当前页面即有机会获得淘气值给予的会员权益，包括红包、特价宝贝、优惠券等，可以额外再领一张权益。

2）生日权益

会员专享生日的特权，现特权内容包括且不限于神秘大咖祝福，生日前一周至生日当天可领取，更多精彩特权敬请期待。如神秘人祝福、淘金币奖励。

3）极速退款

此权益为满足一定信誉评级的会员提供的退款绿色通道服务，卖家逾期未点击发货申请退款或者已收到退货并提供退货单号，系统就会立即退款，减少用户退款等待时长，实现"即点即退，瞬时到账"（个别特殊类目和虚拟类目除外）。

4）换肤权益

淘宝会员可享受手机淘宝的换肤特权，该权益只限手机淘宝使用。

5）超级客服

购物过程中遭遇任何问题，均可通过绿色通道获得专属客服提供的更高标准客户服务。

专属客服团队：热线、在线、维权三大渠道，专属客服团队一站式服务。

畅行热线通道：一键直连，秒级接通。

快速纠纷处理：申请维权并举证完成后，24小时内给出处理方案（普通会员需4个工作日）。

6）退货保障卡

可享有每周一张免费退货保障卡，限量领取，先到先得，仅限当周（自然周，截止周日23:59）使用，过期作废。专享每天一张赠送退货保障卡权益，全年退货无忧，当天使用，过期作废。

在天猫购物下单时，可在"运费险"处自行选择是否使用当天可用的退货保障卡。

使用退货保障卡的天猫商品（仅支持7天无理由退换货的部分商品），退货产生的单程运费免费投保，最高返还25元，理赔金额将在退货退款成功72小时后，由保险公司直接划拨到买家支付宝账户。

7）一键召唤

专享一对一，7×24小时专人服务通道，一键召唤客户经理，3分钟内，客户经理会致电您的关联手机。全方位帮助解决淘宝、天猫购物过程中遇到的纠纷、咨询、退换货等问题，以及其他您希望得到的帮助。

🔖 **课堂讨论**：你认为淘宝的"淘气值"用户成长体系有哪些优点？是否还有不足？

7.5.2 案例二：什么值得买网站的用户激励体系分析

什么值得买是一家消费门户网站，实时推送优质的网购优惠信息，真实的原创购物攻略，力求成为消费者心目中的"品质消费第一站"，内容涉及3C家电、家居生活、时尚运动等诸多类型。

什么值得买帮助用户更多地了解产品信息，更好地判断产品品质，确认什么东西值得买，并通过优质产品改善自己的生活品质。实现方式及流程为用户提供信息——编辑内容审核发布——用户打分评论——用户晒单。

由此可见，什么值得买是一个依赖"优惠爆料""原创晒单""分享商品"等这些优质内容吸引用户的以UGC为主的社区，该平台激励用户贡献内容，同时激励用户经常在平台内浏览信息。

1. 用户等级系统

用户等级总共分为 40 级，7 个阶段，用户等级由经验值决定，无法通过充值提升等级。

获取经验值的方式有：注册、首次上传头像、App 专享绑定手机礼包、App 专享等级礼包、签到（App 签到额外加 3 分）、签到抽奖、评论、有效优惠爆料、原创文章，坚持签到会大量增加经验值。

值得注意的是，为了规范用户的行为，"什么值得买"也设置了一些惩罚措施，在用户提交违规爆料信息时，会减掉一定的经验值。

该用户等级系统设计的目的就是希望用户知道，平台鼓励完善个人信息、签到、评论、有效爆料、原创文章、使用 App 端，从而引导用户做出平台期望的有效行为。

图 7-12 所示为什么值得买的值会员成长体系。

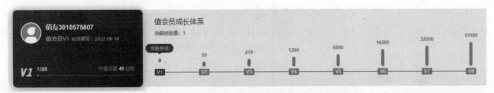

图 7-12　什么值得买的值会员成长体系

同时，什么值得买中部分活动也会设置准入等级门槛，比如某话费优惠券限制 10 级以上用户才可以领取，这样一方面可以阻止有人恶意刷取优惠券，影响其他用户体验，另一方面也能激励用户提升等级。

2. 社区金融体系

社区金融体系的建立是为了从物质角度激励用户。什么值得买除了采用常见的积分、金币的方式，还上线了虚拟货币碎银子，它们的获取方式及消耗方式如表 7-8 所示。

表 7-8　什么值得买社区金融体系的材料获取方式及消耗方式

材料	获取方式	消耗方式
积分	注册、首次上传头像、签到（App 签到额外加 3 分）、签到抽奖、绑定微信、App 专享等级礼包、App 专享新老用户礼包、优惠爆料、原创文章、商品百科奖励	幸运屋抽奖、兑换优惠券、兑换礼品
金币	App 注册、App 专享等级礼包、App 专享绑定手机礼包、签到抽奖、优惠爆料、原创文章、商品百科奖励、众测文章、闲置转让成功、其他用户打赏	幸运屋抽奖、兑换礼品、兑换精品优惠券、打赏文章
碎银子	签到抽奖	打赏文章

可以看到，积分的获取方式与经验值基本相同，鼓励用户通过坚持签到获得大量的积分。

金币激励的侧重点和积分不同，金币重在激励用户贡献内容，有效爆料、原创文章、参与众测、文章得到其他用户打赏都会赢得大量金币，以此激励用户产出优质的内容。

碎银子则可以用于打赏用户喜爱的原创文章，且碎银子有效期仅 1 个月。

值得注意的是，碎银子唯一的用途就是打赏，打赏的碎银子将以 10：1 的比例转换为金币进入作者账户。如此设计有一个好处，防止某些用户将碎银子用于个人财富的积累，激励用户真心实意地为优质原创文章打赏。图 7-13 所示为什么值得买用户打赏界面。

文章很值，打赏犒劳作者一下

打赏

等138人已打赏

图 7-13　什么值得买用户打赏界面

3. 用户互动机制

社区金融体系主要是从物质角度激励用户，用户间互动则是从精神角度激励用户，提供人与人之间沟通的渠道。

什么值得买提供了点值、点不值、评论、收藏、打赏、关注、分享等多种互动方式。图 7-14 所示为什么值得买的互动方式（部分）。

值 102　　值 51　　☆ 410　　💬 114

图 7-14　什么值得买的互动方式（部分）

用户间的互动可以起到激励作用，更重要的是，这些互动产生的内容也是用户为平台贡献的优质内容的一部分，会对浏览信息的用户的购买决策产生影响。

比如下图的小米智能手机报料信息，从用户的评论可以看到，目前，有 338 个用户认为值得购买，95 个用户认为不值得购买，即近 80% 的浏览用户都觉得该产品值得购买，证明非常划算，那么大概率用户便会点击进入该产品界面进行购买。图 7-15 所示什么值得买的内容界面。

88VIP：MI 小米 11 Ultra 5G智能手机 8GB+256GB
4899元包邮（需定金100元，16日支付尾款）
行业标杆　近30日已发布新低　8篇选购指南

相机堆料突破天际，小米众多黑科技加持。全新的小米 11 Ultra 提供陶瓷黑、陶瓷白以及大理纹路特别版，这也是既小米6陶瓷版后再次使用陶瓷工艺的数字旗舰。采用... 阅读全文

值 338　　值 95　　☆ 395　　💬 296　　　　06-13 13:39　天猫精选　　去购买 ›

图 7-15　什么值得买的内容界面

　　什么值得买凭借着一群优质的用户以及网站产出的优质内容，成了热门的电商导购领域巨头，背后根本原因在于有一个强大的用户激励引擎。

　　什么值得买的用户激励体系覆盖了方方面面，除了上述提到的用户等级制度、社区金融体系、用户互动机制等，还有用户任务系统、用户权限系统等。通过梳理不难发现，什么值得买的用户激励体系其实都是围绕"鼓励用户多爆料、多原创、平时多浏览信息购买商品"这一个基本点进行设计的，很多激励也都指向这些方面。

7.6　本章小结

　　本章通过学习用户体系的建立方法，帮助读者了解不同用户体系的相关概念以及建立方法，结合案例对具体的用户体系进行分析，为进一步学习新媒体用户运营打下基础。

　　好的用户成长体系对于提高用户忠诚度、提高用户黏性具有巨大的价值；没有价值的用户成长体系一定没有意义，反而可能适得其反。结合具体的产品特性建立怎样的用户体系，将是新媒体用户运营工作者一直需要探索的方向。

第8章　用户运营触达系统的基础搭建

"用户触达"看似一个新鲜的词汇，但细细想来，这个概念其实是非常熟悉的。一切互联网产品、新媒体内容，都是为用户服务的，凡是能接触到用户需求的方式都算作用户触达。在用户运营工作中，触达是非常重要的，它能将用户与产品、内容等连接起来，从而达到理想的效果。触达方式包含项目初期的用户需求调查、用户群体定位，项目中后期的用户体验测试和上线后的用户反馈。"用户触达"一词很好地概括了做产品时需要考虑接触用户时所涉及的方方面面的概念。

用户触达作为一种产品/新媒体运营工具，已经渗透生活的方方面面。可以说，在移动互联网/新媒体的世界里，所有的产品都离不开触达，所有的用户也都生活在触达中。

学会选择合适的用户触达方式，采用恰当的用户触达渠道，才能成为一个合格的新媒体运营人。

本章围绕用户运营的主题，学习用户运营触达系统的相关知识。

8.1　用户触达系统概述

用户触达是用户运营中的一个重要环节。从某种程度上说，用户触达工作做得好不好将直接影响用户运营的效果。

8.1.1　用户触达系统的概念

在了解用户触达概念之前，首先要回顾一下用户运营的概念。

用户运营是指以用户为中心，遵循用户的需求设置运营活动与规则，制订运营战略与运营目标，严格控制实施过程与结果，以达到预期所设置的运营目标与任务。

这里需要注意三个关键词：用户、活动和目标。借用 AAARR 模型阐述用户运营的目标，如图 8-1 所示。

图 8-1　AAARR 模型

想要达到以上目标，需要对用户进行精细化的运营。这就需要了解用户，而对海量用户逐一摸清显然是不现实的，需要通过用户的基础属性和行为将用户分群。

由此，引申出"触达"的概念，即把用户需要的信息，在合适的时机，以恰当的形式展示给用户，它是将活动和用户进行连接的一种方法。

用户触达分为两种情况：一种情况是用户在特定的场景下，触发了特定条件，而接收到特定的内容；另一种情况则是平台针对特定的用户群体，主动推送特定的内容。在产品生命周期的不同阶段，用户触达系统可以用来对不同用户群体进行定制化运营。

触达用户的目的，一方面，在于通过内部场景（如推送等）提升存量用户的活跃、留存和转化；另一方面，在于通过外部场景（如信息流广告、营销邮件）带来用户增长，搭建用户触达体系的目的在于通过用户洞察，建立信息与用户的关联，提升触达的转化效果。

以营销类短视频为例，在视频最后植入广告，如果用户看到了这则广告，意味着触达用户，如果用户没有看完视频，则是未触达用户。

8.1.2　用户触达系统的业务流程

一个完整的用户触达业务流程，包括触达配置、服务处理、表现展示、效果统计 4 个部分。

1. 触达配置

触达配置是触达体系的底层发动机。对于不同场景的用户需要有不同的需求触达，主要围绕触达 5 要素：对象提取、内容配置、触达渠道、使用场景、触达机制。

例如，对春节期间的新用户，设置登录即自动发送优惠券。

- 对象提取：春节假期内注册登录的用户。
- 内容配置：奖励优惠券。
- 触达渠道：站内自动发送。
- 使用场景：春节期间注册登录则视为触达。
- 触达机制：触达 1 次，春节期间注册登录则奖励。

2. 服务处理

服务处理是触达体系的业务分发器。根据触达配置所产生的业务数据，通过服务层传达给用户。

3. 表现展示

表现展示是触达体系的终端呈现。呈现方式分为素材展示和内容承接。通过直观的素材展示，可以提高用户的打开率；通过高效的内容承接，可以提高用户的目标转化。

4.效果统计

效果统计是触达体系的数据反馈。通过目标用户对触达内容的接收程度，以数据的方式，呈现出触达的内容对目标用户的效果。

8.1.3 用户触达系统的分类

用户触达系统可以依据不同的标准进行分类。

1.以操作方式划分

用户触达系统以操作方式为标准，分为手动用户触达系统和自动化用户触达系统。

手动用户触达系统是指运营人员在日常活动中，根据当前的目标，结合活动向用户定向发送相关营销类信息，一般有单品的活动信息或一些品类、公司级的促销推送；而自动化用户触达系统通常指的是一些系统类的推送，比如交易物流、客服助手等消息通知等，还有一些是可根据一些手动化效果比较好的场景，做成可配置化提取。

2.以触发形式划分

用户触达系统以触发形式为标准，可以分为定时型用户触达系统和触发型用户触达系统。

定时型用户触达系统指定固定时间发送，触发型用户触达系统为指定条件进行触发。

图 8-2 所示为用户触达系统的分类图。

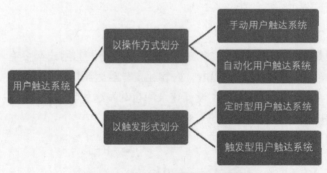

图 8-2　用户触达系统的分类图

8.1.4 触达率

触达率是广告行业用语，指在一个渠道进行广告投放，广告所能触达目标用户群体的比例。有效触达率是指某一网页产生的无重复触达量，品牌方或运营人员期望的是 20 个人浏览了此网页，而不是 1 个人看 20 遍。

虽然关于重叠率的讨论还存在争议，但研究证明，触达率比广告频次更有价值。

数据显示，有效触达率与销售之间呈正相关关系，在其他因素不变的情况下，如果触达率提高 50%，由广告拉动的销售额也将相应增长 50%。

提高触达率的方法有以下 3 种。

（1）用户注册数据。拥有精准用户数据的数字广告发布平台，能够对数字广告起到更有效作用，让广告得以触达具体的个人。

（2）广告频次控制。正如这个名字所暗示的，广告频次控制工具能够帮助发布者把广告频次控制在一定数值下，因此广告商的预算可以集中在高效完成触达率上，而避免额外的重复。

（3）跨屏身份识别系统。如果发布者能够跨屏识别同一个受众，那么他们更能有效控制播放频次，这样就避免了同一个受众在不同平台观看广告的重复计算。

课堂讨论： 查阅相关资料，思考短视频触达率和直播间触达率的概念。

8.2　用户触达系统的要素

用户触达系统的信息结构分为 5 个要素：对象、素材、渠道、场景和机制。

8.2.1　对象

对象即用户，用户触达系统的建立，首先是筛选出想要给哪些用户发送内容。对用户的提取主要从用户层级和用户画像两个维度进行筛选。

用户层级主要归类为用户与平台之间产生的历史数据，常见用户层级有注册维度、登录维度、活跃维度、消费维度。针对提取的用户进行归类，目的是便于对用户持续运营。用户类型可参考激活、促活、营收、留存、自拉新，合称"海盗模型"。用户画像主要介绍基础画像，常见基础画像有性别、年龄、地域、行业。对于触达体系，常用到 A/B test 来测试触达群体的效果统计，用户提取可以快速拆分出 A/B用户群体。

图 8-3 所示为用户触达系统对象要素的结构图。

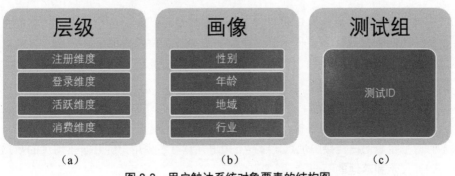

图 8-3　用户触达系统对象要素的结构图

以大众点评 App 为例，该软件应用对于用户的分级标准如表 8-1 所示。

表 8-1　大众点评 App 用户分级标准

分类标准	具体类别
基于活动度相关指标分用户生命周期	新用户、成长型用户、成熟型用户和衰退型用户
基于贡献值分用户等级	Lv1 到 Lv8（共 8 个等级）
基于用户的点评贡献分会员体系	普通用户、灰 V、VIP 实习生、橙 V

需要说明的是，用户区分是做用户运营所必须经历的一步，是一项非常独立非常关键的工作，触达只是用户区分的一个使用场景而已。

8.2.2　素材

素材就是用户被触达时所能直接收到的内容，它包括两个部分：一是展示，就是视觉所能看到的，称为“展示内容”；二是承接，就是触达消息指示的下一个方向，称为“承接内容”。

触达的内容展示一般包括文本、图片和图文，如今也包含视频、Flash 动画等，可根据不同渠道和运营策略定制化选择，比如短信属于文本内容、弹框属于图片内容、微信推文属于图文内容。

图 8-4 所示为用户触达系统素材要素的结构图。

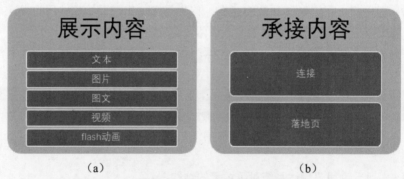

（a）　　　　　　　　　　　　　　　（b）

图 8-4　用户触达系统素材要素的结构图

值得注意的是，触达内容素材展示出的承接质量，决定目标转化率的高低；承接内容一般包括链接或者属性下发，比如活动或公告可配置链接为落地，奖励或积分可以直接下发个人中心。

在准备触达内容素材时，容易犯如下的错误。

（1）后续无法追踪数据。

每次触达都有一定的目标，大多数时候，都是用打开率来衡量触达的效果。但很多时候平台忘记在链接中埋点，导致不知道究竟有多少用户打开了落地页的数据。

（2）展示和落地的不一致。

为了尽可能提升打开率，很多人不惜夸大其词，导致展示的内容和最后的落地页内容相去甚远，用户会有一种被欺骗的感觉。这种"狼来了"的做法，会导致用户对产品的信任感极具下降。

所以，触达内容素材的关键词是数据与一致性。

8.2.3　渠道

渠道是指触达的内容通过什么途径传到用户那里。对于不同产品，进行触达的渠道大多是固定的，主要有站内和站外两种。应用上的渠道称为站内，一般为系统消息、App-push（应用推送）、广告推送；应用外的渠道称为站外，一般为短信、电话、邮件和新媒体渠道（包括微信公众号、微博等）。

图 8-5 所示为用户触达系统渠道要素的结构图。

（a）　　　　　　　　（b）

图 8-5　用户触达系统渠道要素的结构图

站内渠道是指打卡 App 之后才能看到，例如，我们常见的站内弹窗和通知。

图 8-6 所示为麦当劳 App 的站内弹窗和站内通知。

（a）　　　　　　　　（b）

图 8-6　麦当劳 App 的站内弹窗和站内通知

与渠道相关的用户触达指标通常有两个：到达率和打开率。

这两个指标也很好理解，假如品牌方想给平台的 2000 名用户发送 App-push，结果只有 500 个人收到，那到达率就是 25%；而在这 500 个人中，有 100 个人打开了，那么打开率就是 20%。

8.2.4　场景

场景的概念不难理解，这是很关键的一个要素，也是考验产品或运营能力的一个要素，即在什么情况下做触达。

在合适的场景触达用户，可以提升整体效果，一般可从时间、空间和情形 3 个要素来描述一个场景，下面举例说明触达用户的场景。

- 公众号推文设定在晚上 10 点推送，针对的是用户睡前刷手机的场景；
- 用户来到另外一个城市，平台推送当地美食介绍，针对的是游客寻找美食的场景；
- 用户浏览落地页 3 分钟后直接退出，平台推送活动即将结束的提醒，针对的是意向用户流失的场景。

触达系统需要有监测场景的能力，才能通过调控场景这一要素来提升触达的效果，包括打开率和最终的目标转化率，而这往往依赖于数据埋点能力，包括用户行为埋点、业务事件埋点等。

值得注意的是，场景可以分为两类：驱动型场景和反馈型场景。

针对春节活动，运营平台直接给用户推送活动信息，这就属于驱动型场景。用户在平台上进行操作行为，触发了某种机制后，平台给用户回应特定行为，这就属于反馈型场景。相比较而言，反馈型场景更容易被用户接受，因为那是用户先主动进行了某些动作，进而触发了反馈触达。而驱动型场景不容易被用户接受，毕竟如果触达不合适，用户会有一种被强行灌输的感觉，会产生被侵犯、被骚扰、莫名其妙等负面情绪。

不管驱动型场景还是反馈型场景，目的都是帮助用户接收更有用处的信息，根据不同的场景使用不同的触达方式，是触达体系魅力所在。

图 8-7 所示为驱动型场景和反馈型场景的模拟图。

（a）　　　　　　　　（b）

图 8-7　驱动型场景和反馈型场景的模拟图

8.2.5　机制

机制也是用户触达系统的信息结构之一。

这里涉及触达体系的基本操作：触达频率、触达时机和触达统计。

1. 触达频率

触达频率泛滥时，会影响用户体验，造成骚扰。例如，新品上架通知，一下连续推送 10 多条，在产品角度看来应该是出问题了，不应该是功能缺失。再比如，短视频账号一天发送几十条视频，微博账号一天更新几十条微博，这都是触达频率过高的表现。

2. 触达时机

触达的时机很重要，如每天早上准备出门时，高德地图准点提醒上班最佳路线，以及路程时长，这是个魅力型功能，让人感觉到无微不至的关怀。例如，电商资讯类公众号"什么值得买"在 6 月 18 日推送了"618"电商购物节相关互动活动的内容，如图 8-8 所示，这正符合用户想要购买打折商品的心理需求。

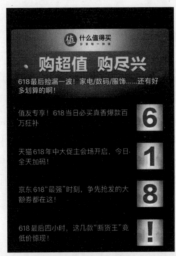

图 8-8　什么值得买微信公众号 6 月 18 日的推文

3. 触达统计

触达统计通常以用户、生效时间、系统、渠道等维度来统计，常见统计结果有触达率、打开率、目标转化率。产品运营的触达活动设计是否成功，数据统计可直观呈现，根据数据分析可持续优化触达方式。

图 8-9 所示为用户触达系统机制要素的结构图。

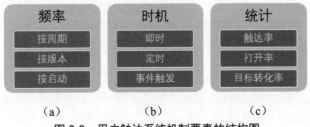

图 8-9　用户触达系统机制要素的结构图

8.3　用户触达的手段

用户触达手段可以理解为一切能接触到用户和用户发生联系的方法，根据实际情况，触达手段有所不同，多种多样。对互联网产品来说，产品本身、站内信、App-push、邮件、短信等都是触达用户的手段。所谓合适的用户触达手段，通俗地讲也就是指在不伤害用户体验的前提下，触达率最优的渠道。

用户触达手段分为外部环境触达和内部环境触达两个部分。

8.3.1　外部环境触达

外部环境触达包括但不限于邮件推送、短信推送、外部广告曝光和新媒体渠道推送。

1. 邮件推送

邮件推送是一种根据账号信息（非设备号）的触达，获取到用户的邮箱账号，即可对用户进行邮件推送。邮件推送的触达手段在国外是一种转化率比较好的方式，尤其是欧美国家，但是在国内的应用效果并不是很好。究其原因主要是两个方面：一是用户主动接受与被动接受的效果截然不同。国外更注重保护隐私，如果用户愿意留下邮件、手机号码等联系方式，说明该用户已对产品感兴趣，在此基础上再做服务 / 活动的推送，容易获得更好的效果。而在国内，邮件、手机号等用户信息往往被作为一种广告资源被买卖，绝大多数用户接受信息为被动状态，效果自然就会差。二是国内外用户使用习惯不同，国外用户使用邮件的习惯比中国用户更好。

图 8-10 所示为某品牌的邮件推送。

图 8-10　某品牌的邮件推送

2. 短信推送

短信推送也是一种根据非设备号的触达，获取到用户的手机号码，即可对用户进行短信推送。国内外使用短信推送的效果也是不同，类似于邮件推送，效果不同的主要原因是因为用户主动接受。图 8-11 所示为某品牌的短信推送。

图 8-11 某品牌的短信推送

3. 外部广告曝光

例如，可以通过搜索引擎进行曝光、传统的广告投放（电视广告、广播广告、报纸广告、杂志广告、户外广告等）。

其中，搜索引擎广告的投放主要是依赖关键词的选择、适当选择购买长尾词；定期总结关键词，根据新闻热点或行业热点再增加关键词；传统的广告投放主要取决于所选择的媒体或广告方与受众自身是否相符合。图 8-12 所示为"洗发水"关键词在搜索引擎中的搜索结果，其中就包含了许多洗发水广告。

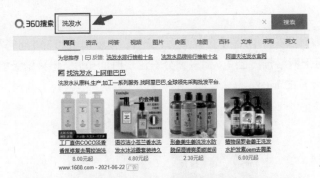

图 8-12 "洗发水"关键词在搜索引擎中的搜索结果

4. 新媒体渠道推送

新媒体渠道推送是目前触达用户效果较好的一种方式，主要分为 6 种途径。

1）微信平台

微信活跃用户 6.5 亿，巨大的用户群体，就像一座巨大的富矿，引来众多淘金者。具体而言，在微信平台上，企业常用的新媒体工具和资源包括：微信公众平台、微信个人号、微信群、微信广告资源。图 8-13 所示为微信开放平台的种类。

图 8-13 微信开放平台的种类

2）新浪微博平台

根据微博财报，自上市以来，微博活跃用户连续 9 个季度保持 30% 以上的增长。微博和微信各有其优劣势。

具体而言，在微博平台上，企业常用的新媒体工具和资源包括：微博企业自媒体和微博广告资源。图 8-14 所示为新浪微博平台。

图 8-14　新浪微博平台

3）问答平台

常用于新媒体推广的问答平台有知乎、分答、百度知道和 360 问答等。百度知道、360 问答被运用于网络推广已久，知乎和分答出现时间虽晚，但营销势能十足。图 8-15 所示为知乎和分答的 logo。

（a）　　　　　　（b）

图 8-15　知乎和分答的 logo

4）资讯平台

常用于新媒体推广的资讯平台有头条号、百家号、大鱼号和企鹅号等。这些资讯平台背靠强大的引流资源，成了触达用户的极好渠道。图 8-16 所示为头条号和百家号的 logo。

（a）　　　　　　　　　　　　（b）

图 8-16　头条号和百家号的 logo

5）直播平台

常用于新媒体推广的直播平台有淘宝直播、斗鱼直播、虎牙直播等。网络直播最大的特点是直观性和即时互动性，代入感强。当网络直播与互联网金融结合，网络直播便在信息披露、用户沟通、宣传获客等方面大展身手。图 8-17 所示为淘宝直播的应用图标和海报。

（a）　　　　　　　　　（b）

图 8-17　淘宝直播的应用图标和海报

6）短视频平台

常用于新媒体推广的短视频平台有抖音、快手、秒拍等。近年来，视短频内容正经历着前所未有的增长，但到目前为止，短视频内容的增长还未到达顶峰。如今，许多的品牌主也开始其视频内容的战略布局，这主要包括品牌介绍、品牌宣传、产品促销、增加用户触达、促进用户参与度、业务推广等内容。图 8-18 所示为短视频平台的 logo。

图 8-18　短视频平台的 logo

8.3.2　内部环境触达

内部环境触达包括但不限于弹窗、站内信、内容推荐和产品推荐。

1. 弹窗

弹窗是常见的用户触达形式，例如，网站 / 服务功能更新提醒，个人中心相关提醒（如积分、排名变化），操作引导，活动弹窗等。图 8-19 所示为美团外卖的站内弹窗。

弹窗的制作需要考虑以下问题：

- 什么样的内容适合做成弹窗？
- 近期是否有重点推广的活动？
- 用户的使用规律是什么？

图 8-19   美团外卖的站内弹窗

2. 站内信

站内信主要用来给客户推送系统通知、网站公告、订单消息、活动消息等，通常用于引导客户使用产品，提高转化。

站内信建议推送可与用户产生互动或用户关注内容，例如，用户关注商品的信息变更通知；避免将用户层面无法感知的功能更新等内容推送给用户；并不是所有的内容都适合推送给全部用户，建议针对不同用户设计不同的推送。

3. 内容推荐

内容推荐利用内容展示，延长用户停留时长，引导用户发现更多内容，促使用户主动购买商品。例如，电商购物平台京东设置"发现好货"模块，让用户在看帖子、看自媒体文章的过程中购买商品，如图 8-20 所示。

（a）   （b）

图 8-20   京东应用的"发现好货"模块

内容推荐的制作需要考虑 3 个问题。

1）推荐内容的选择

根据用户偏好推荐内容，用户偏好可根据用户浏览信息或让用户自行选择感兴趣的内容。

2）推荐内容的排序方式

可按照浏览量、分享次数等方式排序，与用户相关、质量最高的内容建议排在最顶部。

3）推荐内容

根据用户的访问路径分析，以及用户留下的性别、年龄、地域等信息给用户打标签，根据不同的标签推荐给用户不同的内容。

4. 产品推荐

根据用户已浏览、已搜索、已收藏、已购买的信息对用户进行产品推荐。引导客户使用产品，提高转化。图 8-21 所示为下厨房应用的"猜你喜欢"模块。

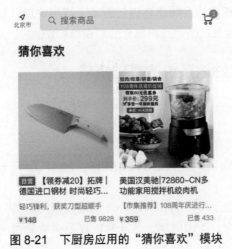

图 8-21　下厨房应用的"猜你喜欢"模块

产品推荐需要注意以下两点。

（1）充分利用用户的搜索信息，当用户主动搜索时，代表用户确实有需求；分析用户的搜索关键词再进行推荐，可提高转化率。

（2）与内容推荐类似，根据用户的访问路径分析，以及用户留下的性别、年龄、地域等信息给用户打标签，根据不同的标签对用户进行有针对性的产品推荐。

8.3.3　选择用户触达手段的技巧

在如此多用户触达的手段中，到底哪些适合自己的产品或内容使用呢？

实践表明，结合用户属性信息（性别、年龄、地域等），分析用户的使用路径（包括浏览页面、收藏信息等细节），进而对用户进行分群聚类、打标签，才能更精准地理解用户需求。

有时候用户留下了很多信息，通过这些信息"告知"自身的需求；怎样获取到这些用户信息、怎样将这些信息转化成数据、怎样再利用数据去"再现"用户的使用场景，通过数据去触达用户，提高转化率？触达客户永远不是最终的目的，作为企业要做的是提高投资回报率。

大致可以规划为以下几点。

（1）需要确定目标用户属性，根据用户情况选择触达通道；

（2）触达用户的方式尽量人性化，不要引起用户厌恶；

（3）实践出真知，用户区别很大，只有经过真实测试过的效果才是真答案。

> **课堂讨论**：分析不同的新媒体内容应该选择怎样的触达手段。

8.4　如何搭建用户运营触达系统

本节聚焦用户运营触达系统的搭建问题，了解用户运营触达系统的基础搭建和精细化新媒体用户触达系统搭建这两部分的知识内容。

8.4.1　用户运营触达系统的基础搭建

从整体流程上来说，搭建用户触达体系需要分为用户筛选，设计活动，智能触达3个主要环节。

1. 用户筛选：发现共性需求

通过用户标签筛选出用户人群，建立用户分层，为下一步活动设计提供人群基础。

在用户筛选上，除了用户属性筛选外，通过数据可以进行多维度的用户行为分析，通过用户关键行为、新增时间、活跃时间以及关键属性等维度，找到精准的目标用户。

2. 设计活动：建立个性化场景

所谓"千人千面"的数字营销，是通过用户行为洞察，设计与用户行为强关联的个性化营销场景。个性化场景的建立来自对用户行为"事件"的采集，"事件"可以包括用户浏览过的页面、商品、内容，以及参与过的活动、领取优惠券、加入购物车等关键行为。

洞察用户个性化特点后，根据用户特点所发现的需求或痛点设计营销活动。例如，在营销引导语中加入用户浏览过的信息："您看过的商品降价啦，低至三折起。"

3. 智能触达：把握触达用户时机

触达用户时机是指根据用户行为在有效的关键节点推送消息引导用户转化。通过搭建用户触达体系，利用数据驱动智能化触达营销，让营销信息建立与用户之间的联系，从而带来转化提升，避免营销文案的自娱自乐。

1）实现用户运营自动化

在用户运营的几个常见场景，如新客关怀、转化提升、活动提醒、流失召回等，只要设置好相应触发条件，基本都可实现自动化执行。

2）活动创建可视化

使用智能触达，企业的运营和营销人员可直接在可视化的界面中，快速完成活动的创建，无需研发、无需立项、无需等待、无需 BI 分析师支持，全自助的模式门槛低，效率高。

3）效果衡量实时化

数据发现的本质是更快速有效地应用改善，自动、实时的效果衡量，可以帮助运营人员实现快速有效地决策优化，开启从用户洞察到数据应用的新篇章，让业务增长可预测、可衡量。

4）触达渠道多元化

智能触达内置支持多种短信、App-Push 等多种触达用户的方式，并可通过 Webhook 接口的方式对接邮件、站内信以及其他企业自有的触达渠道。

5）触达内容个性化

找到正确的目标用户，找准绝佳的时机，发挥个性化内容创意。

8.4.2 精细化新媒体用户触达系统搭建

更高效、更精准的触达不仅能提升用户体验，降低成本，同时也是运营能力的体现。接下来将从时间、文案和人群等维度来进行探讨精细化新媒体用户触达系统搭建。

1. 合适的时机

新媒体内容触达的时机分为时段与用户使用场景两个方面。

1）用户习惯阅读时段

用户习惯阅读时段如表 8-2 所示。

表 8-2　用户习惯阅读时段

时间段	分析
7：00—8：00	上班的时间段。在这个时间段推送内容，用户在早餐或者路上进行碎片化阅读。而如果用户对你推送的内容感兴趣并进行分享的话，那么就可以让下面的时间段的人注意
11：30—13：30	午休时间。多数用户会利用午饭和午休时间翻看朋友圈或者公众号，而如果在早上的时间段有朋友将早上的内容进行分享后，午休时间段的朋友们也是可以看到的，然后进一步分享
17：00—19：00	下班时间段。这段时间的用户与早上的用户大致相同，都是在路上进行简易的阅读
21：30—23：00	黄金时间段。这个时间段的人们基本已经大致忙完手里的工作，属于一个休息的时间段，这时候翻看内容的时间就比较多了

除了按照用户阅读习惯来确定常规内容的推送时间，在面对突发性热点内容时，推送时间上越早越好，要在热点发生的第一时间就让用户获取第一手消息。视频类内容还需要关注用户的休闲时间。据统计，整体观看视频用户数量的高峰段为21：00—23：00，其中峰值出现在22：00。值得注意的是，相比于工作日，周末9：00—11：00看视频的用户数量超平时工作日的一倍。

当然这只是一个根据最普遍的调查分析，如果产品画像做得更具体，可以根据具体用户的作息活动表，制订一个最佳的推送时间。

2）新媒体内容实际使用场景

推送时间除了可以参考用户基本作息规律，还要从内容实际的使用场景出发，来选择合适的推送时间。

（1）鸡汤励志型内容。可以考虑在早晨7：30左右推送，这对于需要激励的白领们是非常有必要的一口"鸡汤"，有利一天保持一个良好的状态。

（2）心灵慰藉情感类内容。可以考虑在22：00以后进行推送，这对于因情感抑或是失眠的用户在这个慢慢长夜中找到一丝慰藉。

（3）八卦娱乐类的内容。可以考虑在20：00左右进行推送，现在的用户多喜欢在空闲的时候浏览八卦娱乐新闻，如果能刺激到他们的点，他们便会分享转发给朋友们。

2. 吸引人的内容

这是一个信息过载的时代。信息不再有价值，真正有价值的是注意力。

用户每天都会收到很多条来自各种渠道的推送消息，短信、微信、消息中心等，试问你能看完一天内手机上所有纷至沓来的信息吗？很明显，并不能。事实上，人们对信息已经越来越麻木。绝大部分的信息都被直接忽视掉了。对用户而言，看到信息的第一眼就决定了他会不会向其投入本已稀缺的注意力。因此，优质的文案写作能力是考察每一个运营人的指标之一。图8-22所示为站外推送，例如，推荐某电影，使用"已有7100人标记'想看'"的文案，表现其深受大家欢迎，以此吸引用户。

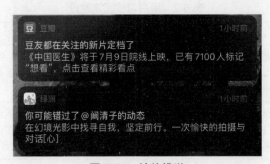

图 8-22　站外推送

吸引人的内容对于新媒体来说仍是十分必要的，它为新媒体内容和用户间搭建起有效的沟通桥梁。一个有趣而走心的内容，可以迅速抓住用户当下的注意力，增强用户黏性。同时，吸引人的内容可以影响用户对企业文化的认知，对打造品牌形象和提升品牌传播度有着十分积极的作用，这些作用也许并不会在当下带来显性的价值，但从长远来看，是企业不可估量的财富。

3. 精准的人群

从成本的角度来看，新媒体平台所有的内容推送都是有成本的，且有时成本不菲。其中，显性成本包括运营人员的成本、渠道的成本等；隐性成本则包含比较广泛，例如，一些看似免费的渠道，实际上都是有成本代价的。例如，渠道资源是稀缺的，稀缺就有成本，需要推送更有价值的内容。

同时，用户的注意力是稀缺的，用户的耐心是稀缺的，这些都是成本。例如，用户今天已经阅读了几篇长文内容，但该新媒体账号还不停地发布新的内容，用户一而再再而三地收到相关新媒体内容的触达，用户会觉得被骚扰，久而久之，也许就取消关注账号了。

因此，精细化运营必然要求推送的对象要更精准，力争所有的子弹都打在靶子上。

举个例子，在新媒体运营过程中，高活跃度的人群通常在各种渠道都很容易被触达；而大多数低频活跃的用户，却只能通过 App-Push、短信等高成本的方式触达。如果只考虑某一个新媒体内容的阅读情况，运营人员在推送内容时自然会更倾向于前者。然而，从全局来看，这样的促活实际产生的价值将大打折扣，运营人员不做触达，高活跃度依然会来。

换个角度思考，平台应该在新媒体内容设计时更多地从低活跃用户的特点出发，考虑使用更轻量级、趣味向的内容运营去吸引这些用户。

4. 多样化触达渠道

多样化触达渠道的核心就是要建立自媒体矩阵，可以简单理解为通过多个媒体渠道共同触达平台所需要的精准用户。建立自媒体矩阵对于新媒体内容触达用户有 3 点优势。

1）提高知名度

每个自媒体平台的用户都是比较局限的，一般很少会有人会同时用几个资讯类新媒体账号看新闻，每个账号都有属于自己的一批粉丝。

对于想短时间提高知名度，或者想打造独立品牌，走 IP 运营路线运营的自媒体人来说，打造矩阵是最好的选择。当自媒体人知名度提高了，那么运营效率就能有效增加，收益也能更好的增加。

2）获取更多精准的粉丝

在今日头条，可以借助头条号的智能推荐机制，获取头条的粉丝流量；在搜狐自媒体平台，可以借助搜狐自媒体权重高实现推广；在百家号，可以利用百度平台收录快，而且其还是百度新闻源，在百度搜索引擎中的排名就能在前三页来获取大量流量。

3）扩大传播渠道

单个自媒体平台运营内容传播的方式会受到局限，内容也只会在这一个平台展现，如果是内容关键词较好的话，那么可能会被收录。

但是矩阵运营，平台可以把内容同步分发到多个平台进行运营，这样内容就能通过更多渠道进行展现，所以平台在做内容运营的时候就能让内容更好地发挥价值。

案例 提升直播间的用户触达率之直播预告

对于一场电商直播而言，直播的在线观看量、用户在直播间的停留时长将直接影响最终的转化结果。如果直播开播的相关信息（包括开播时间、进入直播间的方式、直播内容等）没有及时触达用户，大概率来说，用户是不会主动进入直播间的。

此时，用户场景有如下几种。

（1）"我对这场直播非常有感兴趣，但我不知道怎么进入直播间。"

（2）"我非常期待这场直播，可是直播什么时候开始呢？"

（3）"直播开播怎么没有推送呢？等我想起来的时候直播已经结束了。"

可以通过直播平台、主播个人账号（例如，微信公众号、微博等）给用户发送开播提醒。用户在订阅直播间或主动订阅单场直播时，管理员设置开播消息推送，用户就能及时收到直播开播的提醒，以免错过精彩的直播内容。开播消息推送有效提升用户的触达率，提升直播的关注度。

图 8-23 所示为直播间开播提醒流程。

图 8-23　直播间开播提醒流程

例如，在电商直播中，主播为观众准备了福利，包括红包雨和抽奖活动，以此吸引观众，那么前期就可以利用公众号和社群对直播中的亮点进行宣传预热，鼓励用户订阅直播。在开播前，利用直播平台的开播消息推送进行多次的用户触达，吸引用户观看直播，提升直播在线观看率，促进营销转化。

图 8-24 所示为某知名女主播的微博开播预告和微信公众号开播预告。

课堂讨论：思考还有哪些方式可以提升直播间的用户触达率。

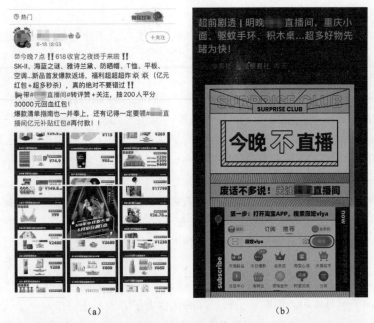

（a）　　　　　　　　　　　　　（b）

图 8-24　某知名女主播的微博开播预告和微信公众号开播预告

8.5　新媒体用户触达的案例分析

用户触达是用户运营工作的重要部分。本章结合相关案例，探析企业如何通过新媒体渠道触达用户。

8.5.1　案例一：维维股份借力新媒体进行品牌传播，实现精准触达消费者

时代在变化，媒体也同样在变，从传统媒体到以互联网为载体的新媒体，传播形式正发生着翻天覆地的变化。对于企业来说，不管是企业品牌、形象宣传还是信息传递、交流，都需要多种媒体形式满足不同用户的需求，新媒体的出现让每一个消费者都成为信息节点，更是为企业提供与消费者全方位互动的沟通渠道。对于有创意、有想法的品牌来说，一夜成名已经不再是白日梦。

在新媒体背景下，维维食品饮料股份有限公司（以下简称维维股份）充分利用新媒体优势，通过口碑营销、事件营销、互动式营销等多元化形式，以图文、视频、活动、投票等多种互动形式来精准对话消费者，在增加消费者黏性、互动性的同时，更加深消费者对品牌的好感度和认知度。

目前，维维股份新媒体端已经成为与消费者直接对话的互联网路径，在这个端口上，维维股份可以充分展示品牌，表达自我。

1. 联合营销活动，实现用户触达

新媒体时代，使用"新玩法"触达用户已经成为了企业营销的必经之路。维维股份通过整合线上线下营销、跨界互动等"新玩法"，相继推出了"一键维维""边疆行""凤凰卫视环球小姐选美"等活动。

其中，"一键维维"活动与国内出行类平台滴滴 App 联手开展。活动期间，滴滴在主界面首次推出"一键维维"的参与入口，维维植物蛋白饮料不仅一举收获海量曝光，更是借助"一键维维"免费坐专车的利益点与用户、潜在用户形成互动交流，为用户留下深刻的印象，成功实现触达用户。

2. 打造自媒体矩阵，深入社交平台触达用户

维维股份全力打造品牌媒体矩阵，融入微博、微信等用户活跃度高的社交平台，更是将门户网站、垂直平台、自媒体平台全部囊括其中，再加上时下正火的网络直播、线上活动等趣味模式，对主流消费者进行覆盖。

3. 携手品牌代言人，强化知名度

从影视演员到主持人、歌手这些明星红人都在不同时期为维维股份产品和品牌的传播发挥了重要作用。维维股份通过品牌代言人的方式，让用户进一步认识自己，扩大品牌的影响力。同时，维维股份将明星效应互联网化，推送用户情感迁移至新媒体端口，让新媒体与用户紧密相连，以实现后期更好的触达效果。

维维股份通过明星代言人、央视广告、新媒体营销、跨界合作、线上活动等方式，体现了其对场景消费的全新把握和多元化传播。利用新媒体全方位触达用户，以不同形式提升消费者的期待感，抢占消费者心智，建立更加深度的场景互动，与消费者紧密相连，在不断传递产品新卖点的同时，促成线上线下多元转化，实现品牌价值最大化。

8.5.2 案例二：58 同城"到家精选"业务广告精准触达用户

58 同城作为中国具有影响力的生活服务平台，业务覆盖招聘、房产、汽车、金融、二手及本地生活服务等各个领域。在用户服务层面，58 同城不仅是一个信息交互的平台，更是一站式的生活服务平台，同时也逐步为商家建立全方位的市场营销解决方案。

目前，58 同城已经成了中国全面服务本地商户与消费者的线上商业服务平台。

2019 年，58 同城推出的"到家精选"服务，打通 58 同城与搬家、保洁、月嫂等 15 大品类的生活服务商户合作。

目前，"到家精选"已面向消费者提供搬家、保洁清洗、家电维修、管道疏通、房屋维修、开锁换锁、上门安装、保姆 / 月嫂、数码维修、租车、过户 / 验车、汽车维修、汽车陪练、洗衣洗鞋等 15 大品类服务，对消费者需求一站式全覆盖。

1. 痛点内容精准打击

精准投放有一个前提，投放前痛点内容的打造，因为如果没有精准的内容表

现，再强的媒介渠道都无法给消费者留下消费刺激，稍有不慎还会招致反感，得不偿失。

58 同城明显深谙此道，因此在"到家精选"这一家政业务的广告投放过程中，结合其核心品类——保洁、保姆、维修、管道疏通分别拍摄了 4 条广告视频，通过深挖不同用户的需求和痛点，实现了与用户的有效沟通，完成广告内容的精准触达。

这 4 条广告视频借着三国元素以古示今，搞笑画风既吸引了潜在用户观看，更在家政需求痛点上狠狠敲了一下消费神经。图 8-25 所示为 58 同城广告视频截图。

图 8-25　58 同城广告视频截图

有洞察、有创意的精准内容是品牌营销的最有力武器。该内容能够精准触达消费者，引导消费者进行购买，加深品牌好感度。

2. 数据导向场景化投放

当平台有了精准的内容，该如何进行传播呢？

1）了解用户是谁

什么样的广告才能打动用户？要弄明白这个问题，首先要知道用户是谁，用户的需求是什么。

58 同城基于平台大数据分析能力，打通平台上的多元场景，通过招聘、房产、汽车、本地生活服务等生活服务领域全面布局，实现多元场景与到家精选协调发展。最后提炼出用户特征画像，能够更精准地聚焦人群，从而实现更深入的品牌互动，由此就有了最初的广告洞察。

2）掌握用户在哪

要实现广告的精准触达用户，更要知道哪些触点是有效的。58 同城是生活服务平台，生活场景的覆盖是必然。以到家精选成都地区投放为例，58 同城选择当地收视率最高的地面频道集中晚间黄金时段发布电视高频曝光，强打品牌认知。

3）精准反馈与更有效的二次触达

58 同城从各个维度建立起精准的反馈机制，并根据反馈进行更有效的二次投放，进一步强化用户触达的覆盖面和覆盖效果。

针对单个用户，58 同城在手机、平板、PC 等多种装置上进行了跨屏投放，精准识别目标用户，并根据同一、唯一用户的各种属性，跟进用户对广告的浏览点击，进行多次触达促进转化。而从广告维度来看，58 同城即时对 4 条品类广告投放的实际转化效果进行追踪，并以此测试市场容量及机会，调整 4 条品类广告投放侧重，使资源配置得到最高效的利用。

8.5.3 案例三：某培训课程类公众号利用直播课触达用户

某培训课程类公众号通过网络直播培训联动线上新媒体公众号，探究如何更全面地触达用户。

某网络直播培训在其直播正式开始之前和中场休息期间，循环播出该公众号的暖场宣传视频，并且在宣传视频的结尾处加入一段 10 秒左右的公众号介绍，以此触达用户。主要分为两个部分：引导用户和转化用户。

（1）引导用户。在公众号暖场宣传视频中明确告知用户：关注公众号，在知识课程后就可以获得更多培训内容相关资讯。

（2）转化用户。在公众号暖场宣传视频中添加公众号二维码，引导参培人员通过扫码实现关注。

本轮探索虽然为用户带来了近两万的新增粉丝，就转化率而言，成绩并不理想，通过复盘后，该公众号发现本轮用户运营工作中出现了如下问题。

1. 触达用户的效果问题

根据后台数据和部分培训现场的反馈，直播课程开始前和中场休息这两段时间，很多用户并没有进入收看直播的状态，许多用户在看手机或者去卫生间，暖场宣传视频并不能有效吸引多数人的注意力。

2. 引导用户的诱饵问题

对参加培训的人来说，关注公众号后可以获得更多培训内容的相关资讯，这并不是一个特别有吸引力的诱饵。并且由于不用考核，大多数人只是抱着"听一听"的态度对待培训，因此扫码关注公众号的动力并不是很强。

3. 转化用户的效率问题

尽管宣传片循环播放，但公众号暖场宣传视频介绍每次出现只有 10 秒左右，公众号二维码在画面上停留的时间太短，即使有人想要扫码，如果反应慢了，刚刚打开微信，二维码就过去了，导致转化阶段出现一些流失。

结合上述出现的问题，可以对其进行一定的优化。

第一，调整触达用户的时机。

暖场宣传视频由之前的暖场阶段和中场休息阶段改为直播正式开始前与阶段。这段时间虽然比较短，但是根据通常的情况，此时用户基本已经来到直播间，进入观看直播的状态，且由于培训课程刚刚开始，大家的精神状态比较集中，此时触达用户效果最好。

第二，调整引导用户的诱饵。

由之前的"会后可以获得更多培训内容相关资讯"文案梗概改为"扫码立即获取本场培训讲义精要"。

根据往年培训的情况分析，在公众号能够作为诱饵的资源当中，培训专家的讲义精要最有可能吸引用户。用户关注公众号后，可以通过关注后自动回复收到讲义精要的链接，也可以通过随后收到的图文推送或公众号自定义菜单察看讲义精要。

第三，优化转化用户的路径。

由暖场宣传视频末尾的一段含二维码的公众号推荐，改成一张含二维码的静态引导关注大图。同时，提前录制好提示语音，在二维码出现时，通过语音提醒参培人员注意扫码，从而提高关注转化率。

8.6　本章小结

本章通过学习用户运营触达体系的相关内容，帮助读者了解用户触达系统的基础知识、用户触达系统的五要素和手段、搭建用户运营触达系统的方法，结合案例对具体的新媒体用户触达内容进行分析，为进一步学习新媒体用户运营打下基础。

第9章 新媒体用户运营的道与术

用户运营就是指以产品用户的活跃、留存、付费为目标，根据用户需求制订方案。而所有的产品都需要引入新用户、留住老用户、保持现有用户活跃、促进新用户付费、老用户复购、挽回流失或者沉默用户。但任何产品都有生命周期，当不能获取新用户、维护老用户且用户还在流失的时候，产品的生命周期就会快速下滑。

新媒体内容产品同样适用于上述的用户运营内容。前面的章节讲到过用户运营其实就是拉新、促活、留存、变现转化这四项工作。在新媒体用户运营工作中，可以将促活与留存合并为一个步骤。简单来说，新媒体用户运营就是想尽办法找到用户，然后再想方设法让这些用户来到自己的新媒体账号领域内并且开始浏览、观看内容。

新媒体内容产品用户运营与传统的互联网产品用户运营的思路大致相同，但是在具体的落实上还是存在一定的差异。究其本质，新媒体用户运营主要是将用户从"路人"变为"粉丝"，降低粉丝流失率，提升粉丝黏性，最终实现粉丝转化。而内容产品本身也主要以打造个人 IP、自媒体 IP 为主要目的，其粉丝转换也可以称为"粉丝经济"。

本章以新媒体内容产品为核心，研究其中用户运营的道与术。

9.1 新媒体用户运营的道与术概述

新媒体用户运营的拉新、促活留存和变现这 3 项工作，都有其可以参考的依据。本节从这 3 项工作出发，了解其中的技巧与方法。

9.1.1 新媒体用户运营的策略综述

互联网领域内，路人是指浅层次接触的用户。在新媒体领域内，路人则主要指那些只关注新媒体账号却很少或甚至没有浏览过内容的用户，也包括没有关注新媒体账号的用户。尤其对于个人 IP 或企业宣传而言，路人可以提升其知名度，但是无法产生实际的运营价值。

有效运营价值来自深度接触的用户，在新媒体领域表现为账号内容的深度浏览者，也可以称作"忠粉"。深度接触的"忠粉"，不仅关注新媒体账号并浏览账号所发布的内容，还会通过评论、点赞、收藏、转发加强与该新媒体账号的联络，给更多会加入相关社群、参与活动、推荐身边好友关注该账号，更重要的是可以实现"粉丝变现"。

图 9-1 所示为新媒体运营的 3 个目标。

图 9-1　新媒体运营的 3 个目标

新媒体用户运营过程中，不论是获得一个新的粉丝还是挽留已有的粉丝，对于该新媒体账号运营都是至关重要的。所以，新媒体用户运营者必须想尽办法吸引新的用户、提升用户活跃度、降低用户流失率，将路人变为"忠粉"，实现粉丝变现。虽然新媒体内容包括多样的形式和各种平台，但上述的新媒体用户运营者所需要的完成工作还是有通用策略可寻，常用的策略包括 9 种，即内容、活动、资源、社群、功能、积分、奖励、投入和提醒。

图 9-2 所示为新媒体用户运营的 9 种策略。

图 9-2　新媒体用户运营的 9 种策略

1. 内容

内容是新媒体用户运营的最主要部分，新媒体内容的好坏决定了一个新媒体账号是否成功以及能否形成"IP"，实现稳定的内容变现。同时，内容也是最稳妥的拉新与促活方式，更是变现的主要渠道。好的内容会让用户从接触账号时的"简单浏览内容"到"期待更新，等待新内容"，完成活跃度的初始积累。

无论什么样的推广方法，优质的内容总是能留住用户，能满足用户的需求和喜好，好的内容，用户也愿意主动去分享来吸引更多的用户关注。有的自媒体运营者急于变现，只看重眼前的利益而忽略了粉丝的重要性，这样的做法未免不够妥当，对自身带来的负面影响也不言而喻。

通过内容增加用户，提升活跃度不是偶尔刻意为之，而是需要新媒体运营者持续地发出高质量的文章、视频、图片等。

图 9-3 所示为微博的催更功能界面，即用户可以通过该方式催促自己喜欢的博主尽快更新视频内容。

图 9-3　微博的催更功能界面

2. 活动

新媒体运营者可以定期策划与组织相关活动,通过富有创意的活动吸引用户参与,提升用户活跃度。以微博平台为例,可以设置转发抽奖活动;在微信公众号平台则可以设置评论区抽奖活动。

图 9-4 所示为微博抽奖活动和微信公众号抽奖活动。微博抽奖活动的抽奖方式是博主在点赞、评论和转发该条微博的用户中抽取 3 位用户,每人赠予一份礼品;微信公众号抽奖活动则是要求用户在该篇推文下方进行留言,抽取 10 位粉丝赠送新年礼盒。

（a）　　　　　　　　　　　　　　　（b）

图 9-4　微博抽奖活动和微信公众号抽奖活动

3. 资源

资源包括两个方面:一个是内容角度,一个是纯资源。

从内容角度来说,新媒体可以选择对用户粉丝有帮助的资源信息,让这些信息成为内容的一部分。从纯资源角度来说,新媒体用户运营者可以在部分新媒体平台放置学习资料、成长工具、工作素材等资源并引导用户下载,用资源促活。

有两点需要新媒体用户运营者注意:第一,分享的资源内容需要与新媒体账号的内容相关,例如,一个电影评论账号分享 PPT 模板资源显然是不合适的,但是如果分享电影资源或者视频剪辑教程,这类资源才是契合该账号粉丝的;第二,分享的资源一定要注意版权问题,尤其是一些素材工具、影音类内容等。

图 9-5 所示为分享资源的微信公众号。前者聚焦电影资源,后者则是 PPT 模板资源。

（a）　　　　　　　　　　　（b）

图 9-5　分享资源的微信公众号

4. 社群

现阶段新的新媒体内容平台、富有创意的新媒体产品层出不穷,即使新媒体运营者每天推送有用、有趣的内容,用户对其的热情度仍然会随着关注时间增加而逐渐减弱。

因此,新媒体用户运营者可以尝试组建用户社群,积极与粉丝互动,使原有的关系从冰冷的"账号对人"变为带有温度的"人对人"。

图 9-6 所示为某红人的微博粉丝群。

图 9-6　某红人的微博粉丝群

5. 功能

互联网产品由于其功能的不同,会造成用户的使用频率各有不同。一部分产品属于高频产品，用户打开次数较多，如微信、QQ 等即时通信类应用软件；另一部分产品属于低频产品，用户只有在特定场景下才会打开，如美团外卖、高德地图等，用户只有在点外卖、出行等情况下才会使用。

对于低频产品的用户运营来说，增加高频使用的功能是其运营的思路，以此使用户增加在线时长或打开频次。

图 9-7 所示为某知名主播的微信公众号所提供的服务一览图。其中，包括 3 个模块："猜你想看"——口红试色、香水种草、直播间爆款和国货推荐；"关注必看"——带你认识×××、直播商品预约；"粉丝福利"——产品许愿、福利购买和积分签到。这些内容都是该主播的粉丝所关注的，尤其是口红香水产品推荐、直播间爆款汇总等信息，将这些信息汇总并制作成为连接，让粉丝可以"一键直达"，带来了许多便利。

图 9-7　某知名主播的微信公众号所提供的服务一览图

6. 积分

新媒体用户运营者可以参考 RFM 模型，设计对应的用户层级并设置相应的积分体系，每个用户层级享受不同的用户待遇。

图 9-8 所示为淘宝直播间截图，其中，每个用户都有自己的粉丝头衔，即粉丝等级，包括"新粉 1""挚爱 6"等。

图 9-8　淘宝直播间截图

7. 奖励

积分体系完成的是精神层面的奖励，满足用户尊荣感。此外，新媒体运营者也可以设置物质奖励，进一步提升用户活跃度，例如，签到、抽奖等。

图 9-9 所示为某网络红人的微信公众号签到界面以及签到规则，通过签到可以获得相应的奖励。

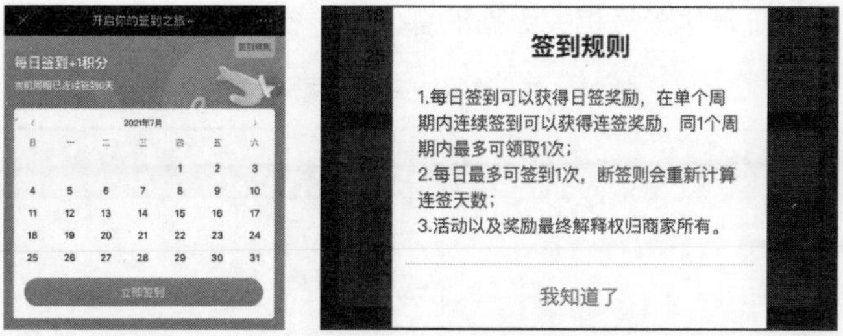

（a）　　　　　　　　　　　（b）

图 9-9　某网络红人的微信公众号签到界面以及签到规则

8. 投入

在线下消费场景中，如果消费者提前预订并已经缴纳订金，往往不会轻易取消预订；但如果只是普通的电话预约，则很有可能会由于其他原因而取消。

用户往往对已经付出时间或资金的产品更忠诚。新媒体运营者在进行用户管理时，也可以引导用户进行适当投入，以降低流失率。

图 9-10 所示为某网络红人的微信公众号签到奖励界面，其中，连续签到 7 天可获得 10 积分、连续签到 14 天可获得 15 积分，连续的签到才能获得奖励，会促使用户更看重自己的"投入"。

图 9-10　某网络红人的微信公众号签到奖励界面

9. 提醒

当用户长时间没有打开软件或者阅读内容时，新媒体用户运营者可以尝试推送提醒，引导其尽快打开，可以是浏览内容也可以是提醒参与活动。为了在诸多提醒中脱颖而出，此类提醒信息必须足够吸引用户。

图 9-11 所示为小红书红人的开播推送。

图 9-11　小红书红人的开播推送

除了上述的策略之外，新媒体用户运营者还需要掌握新媒体用户运营的具体效果，这就需要相关的数据进行辅助分析。

表 9-1 所示为新媒体账号相关数据汇总。

表 9-1　新媒体账号相关数据汇总

数据类型	数据指数
文章数据	· 浏览数量 · 点赞数量 · 转发量 · 收藏量
用户数据	· 用户数量 · 每日新增量 · 流失量/流失率 · 留存率
交易额	· 特定活动期交易额 · 每日交易额 · 每月交易额 · 交易额增长速度
业务	· 潜在客户转化率 · 成单量

课堂讨论： 上述 9 种新媒体用户运营的策略在不同的新媒体平台有哪些具体的表现？

9.1.2　新媒体用户拉新的道与术

对于新媒体用户运营来说，拉新是关键且需要经常进行的工作，因为只有有了新的粉丝运营者才能进行用户沉淀以及转化，从而获取核心用户。

新媒体用户拉新有 3 种方法。

1. 圈子营销

新媒体账号刚刚建立时，获取一批种子用户并不容易。由于不同内容的目标用户群也各有不同，圈子营销的主要目的就是锁定目标用户群，先在小范围圈子内迅速传播引爆，形成良好的口碑，靠口碑传播吸引一批粉丝。

圈子营销的核心是精准定位用户，找到运营方向。例如，微博和知乎平台，早期的"涨粉"策略都是通过内容划定圈子，依靠引入大 V、明星，利用"关键联系人"的影响力快速提升产品知名度。

这种方法成本较低且营销效果好，不少新媒体内容产品在启动初期会采用。

图 9-12 所示为微博的微关系界面，其中，用户可以看到自己与博主"共同关注"的用户以及"我关注的人"中同样关注该博主的用户。

图 9-12　微博的微关系界面

2. 媒体广告

圈子营销主要是指在熟人范围内传播，而对于陌生用户，新媒体账号该如何涨粉呢？

这个方法大家很熟悉，就是依靠媒体广告。

圈子营销可以帮助产品获取一批种子用户，但大范围提高产品的知名度，则要通过媒体广告打造品牌影响力。

这种媒体广告可以是电视、公交地铁、户外广告等线下广告，也可以是门户网站、网络视频、搜索引擎等线上广告，但依据实践经验来看，新媒体账号的广告主要集中在线上，尤其是一些平台内部的付费推广。

图 9-13 所示为微博的付费推广界面。

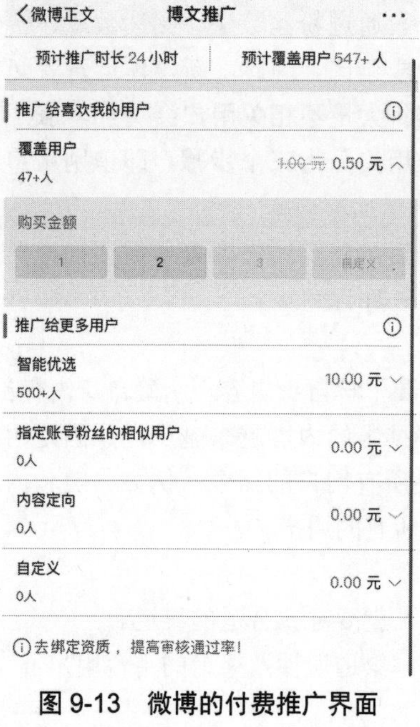

图 9-13　微博的付费推广界面

3.搭建自媒体矩阵，形成内容IP

搭建自媒体矩阵是新媒体内容运营和用户运营的必经之路，通过多渠道分发内容以实现触达更多的用户。而内容IP是指它能凭自身的吸引力，挣脱单一平台的束缚，在多个平台上获得流量，进行分发。例如，像毒舌电影、papi酱、逻辑思维等这类的超级IP自明星，都赋予自品牌的标签。代表这一类人的向往，个人IP的代表，无需进行高额的推广引流，在个人超级IP的时代，商业模式已经发生了翻天覆地的变化。

图9-14所示为某网络红人的微信视频号与哔哩哔哩视频网站账号。

图9-14 某网络红人的微信视频号与哔哩哔哩视频网站账号

自媒体从内容属性上来说有IP的属性，但是在运营和推广上，我们应该认识到，自媒体的运营和推广属于商业运营的范畴，他们的推广和自身特性的建立应该往品牌化的方向走，并需要符合品牌运营的一些路径，即在认知度、美誉度、产品质量方面做出对市场和用户的承诺。

新媒体运营的效果一般通过粉丝数量、阅读数量、转化数量等指标评估，而这些指标都与用户总体数量成正比。因此，新媒体运营者必须想方设法进行用户拉新工作。拉新工作力求精准。大量不相关用户会增加客服工作量、降低转化率，最终降低运营效果。获取精准用户分为三个步骤，即识别用户渠道、设计引入形式、给出引入理由。

在全面了解拉新方法后，新媒体内容账号需要根据自身产品特性，制订自己的拉新策略。具体的拉新方法如下。

1）用户群定位

新媒体账号运营首先要了解自身内容，明确自身内容目标用户群。

目前能面对所有用户推出的内容越来越少，原因是用户需求越来越多样化，越来越难通过一类内容满足所有用户的需求。例如，美妆内容、军事内容等，都有属于自己的受众，不能面向所有的用户。

2）渠道适配

在定位目标用户群后，就要寻找合适的渠道。

确定渠道的关键是了解渠道属性及渠道的主流用户群。

目前营销渠道已经从线下拓展到线上以及移动端，除了电视、广播、出版等传播媒体，公交、地铁、飞机场、分众传媒、户外广告也曾是热门的传播渠道。而线上门户网站、视频网站、导航网站以及论坛、贴吧、博客等社交网站数不胜数，移动端不断涌现的热门 App（如直播、短视频等），也迅速扩充营销渠道数量。

渠道已经过于丰富，无法全部试错，所以必须了解渠道自身的用户群特征。比如微博平台的用户多为年轻人，而微信公众号平台的用户年龄范围会更广泛一些。

渠道用户群特征大多要靠摸索、验证或者通过二手资料初步了解，再想办法验证其真实性。渠道的探索需要逐步进行，逐渐探索和积累，形成知识沉淀，利于未来渠道适配。

3）对标分析

关注同内容领域内的动态，对标研究同类型内容的拉新手法，了解其在产品运营的启动期、成长期、成熟期等不同生命周期采取的关键举动及取得的成果。同时搜集了解行业内专家、大咖对拉新观点、看法和战略布局。

对标分析后，要结合竞品的用户群、渠道分析其拉新策略制订的原因，洞察到其中的商业逻辑。

4）制订拉新策略

在做好以上工作后，就可以根据用户群定位、渠道属性，制订拉新策略，即投放渠道、投放策略、投放时机等。

投放渠道、投放策略和投放时机对于不同的新媒体内容形式和新媒体平台都各有不同，因此需要依据相关数据分析，聚焦重点完成投放工作。后续章节会就不同的新媒体内容平台用户运营进行详细讲解。

🎙 **课堂讨论：**思考微信公众和微博这两个新媒体平台中用户促活有哪些重要性。

9.1.3　新媒体用户促活的道与术

新媒体用户运营的促活工作同样是一项重要的工作，与互联网产品不同，新媒体内容产品的用户促活工作中的"用户"通常指已有的粉丝，因此其工作的重点是如何维系好自己的粉丝群体。

"粉丝经济"不再是时髦的营销名词，但粉丝思维已经渗透到新媒体行业的每一个角落。没有粉丝的新媒体毫无生命力可言。新媒体运营者不仅要凝聚大量粉丝，还要跟他们打成一片，共同打造一个具有鲜明群体文化特色的社群。

1. 打造内容，触动粉丝分享

人们分享事物的原因主要有两个：有趣和有用。有趣的内容令大家身心愉快，分享者自己也会觉得很有面子。分享具有实用价值的信息如同雪中送炭，可以让分享者感受到助人为乐的自豪感。美国一项统计研究表明：有趣的文章成为热门文

章的概率比普通文章高出 25%，有用的文章成为热门文章的概率比普通文章高出
30%。新媒体用户运营者在分享内容时不仅要注意内容的趣味性和实用性，还要懂
得心理学。虽然负面消息总是传得比正面消息快，但是我们必须了解，绝大部分的
人更希望听到对方分享好消息，而不是那些令人糟心的内容。生活中不如意的事情
已经很多了，如果再天天从网络中接收充满负能量的信息内容，心情就会变得更加
糟糕。

新媒体用户运营者需要牢记一点：粉丝希望从这里得到更多的快乐或喜悦，而
非忧愁或悲伤。社交互动往往始于分享，成于沟通，毁于伤害。假如分享之人给对
方留下好印象，那么他提供的信息就会得到更多的分享次数。运营者把正能量传递
下去，这份心情会带着无数粉丝的欣喜回馈给运营者。

图 9-15 所示为积极向上的微博内容，其转发、评论和点赞的数量都非常可观，
由此可见用户对该内容的喜爱。

图 9-15　积极向上的微博内容

分享信息的能力是新媒体和传统媒体之间的重要差别。新媒体运营者应该避免
新媒体平台沦为单纯的广告展台、公告栏以及在线客户服务平台。粉丝们喜欢的不
仅仅是平台的内容，同时他们更希望一个互联网平台能满足自己的消费需求、社交
需求、求知需求。如果新媒体运营者在主推营销信息的同时分享前面提到的各种信息，
粉丝就会把更多的注意力分配到平台这里。

课堂讨论： 在你的朋友圈中寻找 3 篇你最喜欢的推文，分析这些内容打动你
的原因。

2.定期活动，培养粉丝习惯

人们都有模仿和从众的心理，尤其是在新媒体时代，集群效应会被放大。如果
平台的内容足够突出和具有趣味性，那么，极大可能会引起大家的注意，吸引更多

的人选择内容产品。当信息在社交平台上不断传播时，人们会出于从众心理去跟风模仿。模仿的次数多了，用户就会养成相应的习惯。

新媒体用户运营的一大目标就是培养用户的习惯，让他们对内容产品产生较大的依赖性，这种关系在互联网行业被称为"用户黏性"。通常情况下，用户黏性越高，用户的活跃度以及留存率就越高，用户带来的经济效益和社会效益就越大，反之亦然。想要提高用户黏性，新媒体用户运营者就应该经常组织一些趣味活动，让参与活动的用户养成参与活动的习惯，这样有利于后期营销变现工作。如贴吧论坛比较常见的活动包括：抢楼盖楼、投票排名、拍卖、晒照片、征集评比、签到、直播帖、吧友联谊、贴吧公益等。微博活动则有：转发抽奖、粉丝投票、微博抢沙发、视频 / 广告语 / 文章 / 创意征集、话题活动等。

活动并不是简单可以完成的，这要求新媒体用户运营者成为一名良好活动规划，根据每年、每月、每周的节假日及重大活动来规划最基本的趣味活动，尤其在"双 11""618"购物节时，要加强活动力度，帮助完成粉丝变现。每次活动应当设置鲜明的主题，并搭配有奖问答或转发抽奖之类的小节目，以便更好地调动大家的情绪。

图 9-16 所示为某美妆达人的微博"双 11"活动介绍。

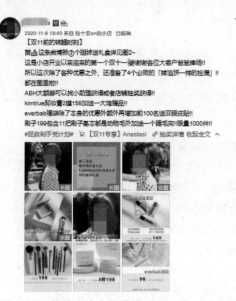

图 9-16　某美妆达人的微博"双 11"活动介绍

值得注意的是，当热点事件或突发事件不期而至的时候，新媒体运营者可以暂时放弃原计划，争分夺秒地围绕当前最新热点来制订活动计划。要知道，绝大多数网友都喜欢跟踪热点话题，积极表达自己的态度。运营者应该根据目标用户群体的思想、情感、行为特征投其所好，让他们把运营者当成可以信赖的自己人。

以投票话题为例，这个活动可以让粉丝都参与进来，一般情况下话题都是需要有震撼性的，最好是对近两天或当天的热门话题进行投票设置。在设置这些投票的时候，需要对粉丝有足够的了解。不是说所有的内容都适合粉丝。在选项中，需要注意的是投入自己的情感和粉丝的情感，看看哪些选项可能是适合大家的，那么就把这些内容作为选项来让粉丝选择。

图 9-17 所示为微博的投票话题活动截图。

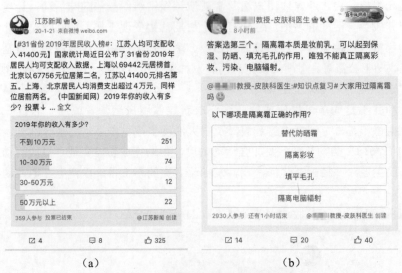

（a） （b）

图 9-17 微博的投票话题活动截图

课堂讨论：假如你是一名新媒体用户运营的工作人员，以微博为平台，你想举办哪些活动？

3. 垂直社群，构筑粉丝凝聚力

从 BBS 到 QQ 群再到微信群聊，从 1.0 时代到 3.0 时代，媒介在改变，社群也以各种形式变化登场及圈地，万变不离其宗的是情感和价值纽带。新媒体以内容作为主要产出对象，也是社群集中出现的领域。

从形式上说，垂直社群体现为新媒体运营者成立的各个 QQ 群、微博群、微信群。这些新媒体平台都是粉丝用户们的活动联谊场所，粉丝们可以在一起讨论最新的内容产品，也可以分享自己的见解。不过，真正成熟的垂直社群必然对应着一个稳定的细分目标市场，社群成员有着共同的兴趣爱好与消费习惯，对新媒体运营者代表的个人 IP 有较高的认同度。大家既是意气相投的朋友，也是互惠互利的交易伙伴。隔阂感是社群运营的大敌，为此，新媒体运营团队要跟粉丝用户们打成一片，亲如一家，否则，垂直社群无法获得足够的凝聚力。

构建社群是新媒体用户运营者当仁不让的使命。但是，总有一些没有经验的用户运营者认为"越多越好"，于是随便将用户拉入社群，这会使得社群内像菜市场一样杂乱。到头来，老社员越来越不喜欢群里的氛围，纷纷流失，鱼龙混杂的新成员不干正事，天天闲聊，社群已经名存实亡。为了避免出现这种情况，运营者应该在发展新的社员时需要注意甄别，建议尽量选择新媒体账号的铁杆粉丝以及活跃粉丝。

　　总之，新媒体用户运营者一定要学会跟粉丝们打成一片，不要把自己当成垂直社群的统治者，而应该以平等的身份与每一个粉丝交流。新媒体运营者本身也是垂直社群的一员，而且是社群文化的主要缔造者。社群成员也许会像流水的兵一样来来去去，但只要社群文化建设到位，社群就能不断吸引新人加入，让整个垂直社群保持良好的发展势头。

　　图 9-18 所示为某网红的贴吧，可以看到其粉丝以贴吧为平台进行聚集并形成社群，并表示要力挺该红人。

图 9-18　某网红的贴吧

4. 用户角度，注重粉丝体验

　　美国的安迪·赛诺维兹教授说过："口碑在网络中可谓如虎添翼，其传播速度之快、影响之广，令人无从掩饰。"口碑决定了平台的内容产品在新媒体上的形象是众星捧月还是万人唾弃。追根溯源，内容产品的口碑源于用户体验。如果内容产品过硬、服务贴心，人们自然会夸赞有加，乐意做义务宣传员。如果平台工作不力，人们就会把自己的不满释放到社交媒体上，让平台的负面消息传播到他们的朋友圈。

　　再好的版式也弥补不了内容的缺陷。其实，很多自媒体的内容产品跟同类型产品相比，并没有技术上的"代差"，只是各有特点。消费者认同的是自媒体 IP 的品牌价值和用户体验。自媒体平台的内容个性鲜明、识别度高，就容易被大众记住。假如粉丝在互动和消费过程中获得良好的用户体验，他们每次有需求时都会不假思索地优先选择该平台。

　　"体验经济"的概念已经在商界火热多年。用户体验不再只是对产品设计的要求，已经逐渐形成了一个产业。体验经济的发展手段虽然多，但是归根结底无非从两个方向切入：一个方向是让用户能以更便捷的方式使用产品和服务；另一个方向则是给用户带来更好的感官体验。总之，新媒体运营者应当努力在便捷操作与感官刺激两个方面满足用户的需求。

　　上述注重粉丝体验的策略，在实际操作中也会有一些变通。以新媒体平台普遍存在的"私信"功能为例，粉丝发给博主的私信需要回复吗？答案是当然要回复，而且要积极热情地回复。可是如果存在很多条私信该怎么办呢？这时可选择其中的一小部分私信来回复，尤其是针对那些热情活跃的粉丝私信。这样，就可以服务好粉丝。

用户运营，不仅仅是做粉丝的量，最关键的还是需要维护好粉丝，只有维护好粉丝，他们才会为平台的内容买单。

9.1.4 新媒体用户变现的道与术

新媒体是互联网基础设施发展至今，渗透率极高后，诞生于流量再分配时代的产物。互联网时代就是流量经济，利用现有的互联网基础设施（抖音、头条号、搜狗等），网红依托庞大的粉丝群体定向营销，从而将粉丝流量转化为价值、衍生出各种消费市场新商业模式。如今，企业之间围绕流量的争夺越来越激烈，流量意味着热度、意味着竞争优势，抖音、头条号等应用成了企业营销的兵家必争之地。

有数据显示，仅 2018 年全网短视频用户规模达到 3.53 亿人，且每月数字都在持续上升，2019 年用户量飙升至 5 亿。例如，重庆凭借横穿居民楼的轻轨短视频，成为大小假期的热门旅游地；网红小吃、网红景点、网红奶茶靠着各种新媒体平台上的分享掀起一阵又一阵热潮。上述的案例数不胜数，被新媒体平台的放大宣传效果而带火的企业和商品数不胜数，庞大的浏览量背后意味着大量成交机会和可能。

如今，新媒体营销红利巨大，不论是企业还是自媒体都可以利用内容卖货，打造网红的执行团队，帮助自己将流量成功转化为销量。因此，新媒体用户运营最终的目的正是实现用户的变现。

新媒体变现形式可以针对面向不同的群体，即商业类和顾客类分为两大类，其中又分别包含若干小类型，具体内容如表 9-2 所示。

表 9-2　新媒体变现形式

类型	形式
面向商业类	• 软文 • 广告位 • 电商 CPS • 导量合作
面向顾客类	• 内容付费 • VIP 社群 • 自营电商 • 服务咨询 • 打赏

1. 软文

软文，是相对于硬性广告而言，指由企业的市场策划人员或广告公司的文案人员来负责撰写的文字广告。与硬性广告相比，软文精妙之处就在于一个"软"字，让用户不受强制广告的宣传下，文章内容与广告的完美结合，从而达到广告宣传效果。简言之，软文就是在能引起读者感兴趣的文章中隐性地插入广告以达到宣传的效果。

软文的类型从大的方面说可分为两种：一种是媒体报道型，这类软文显得权威，可信度极高，通过付费发至门户等新闻网站，效果会更明显。这类文章适合在各大新闻网站转载，受众范围广，易引起读者的重视。另一种是娱乐搞笑型，这类软文娱乐搞笑，让人愉悦对某个信息产生兴趣。这类软文适合在论坛、QQ、博客等地方传播，速度快，可以无数次传播。

图 9-19 所示为故宫淘宝的微信公众号软文截图，推文内容讲述古人文化，最终引导其文创产品的最新产品。

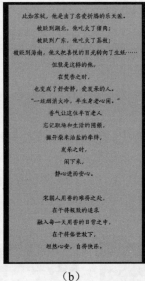

（a）　　　　　　　　（b）　　　　　　　　（c）

图 9-19　故宫淘宝的微信公众号软文截图

课堂讨论： 分析微信公众号软文和知乎平台的软文有哪些异同。

2. 广告位

推广位、广告位、资源位等，都指向了相同的归宿——站内广告；而这些可能也只是不做具体形态称呼的"banner""开屏"等。

在新媒体内容产品领域，广告位通常指在内容中直接投入的广告。例如，在微信公众号中直接投放广告；在短视频或直播中植入广告，类似于我们看到的在电影中投入广告。

图 9-20 所示为微信订阅号界面的广告推广，其中，标注了"广告"字样方便用户辨别，右下角的"关注公众号"按钮则可以一键关注该公众号，非常方便。

图 9-20　微信订阅号界面的广告推广

3. 电商 CPS

CPS（Cost Per Sales）即按销售付费，实际上就是一种广告，以实际销售产品数量来计算广告费用，是最直接的效果营销广告。一旦从特定网站引来的用户在商家品牌的销售页面上产生了实际购买，商家就要根据订单总金额和事先协议好的佣金比例，给该网站一定的销售提成作为报酬。

自媒体和广告商是通过签订一些相关的分成比例和结算方式等条款的协议之后，再由广告商将要推广的产品的相关信息通过图片或者别的方式发送给自媒体，然后自媒体会借助旗下的个人新媒体账号发布广告商的广告。观众看到后，有的观众就会为这些广告买单，从而也就有了销售量。自媒体和广告商再按照之前签订的合同和协议结算分成。最后，自媒体会给发布了该广告的各大网站按照约定结算相关的广告推广费用。

图 9-21 所示为知乎文章的内置广告以及相关产品界面，用户可以通过点击该链接直达商品界面。

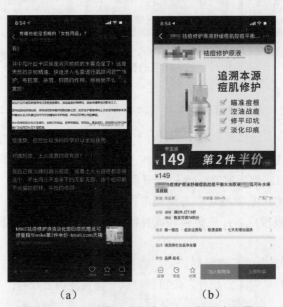

（a）　　　　　　　（b）

图 9-21　知乎文章的内置广告以及相关产品界面

4. 导量合作

商家通过自媒体账号的内容进行导量，大致分为 3 种操作途径。

（1）利用新媒体平台做外链。平台发布的一些文章内容，会被网友转载到别的一些网址导量，保持了资源和信息的共享。这时，平台可以利用新媒体的这一特性，在内容里嵌入一些其他内容的链接进行导量。

图 9-22 所示为微博文章下方的导量链接，用户可以点击该链接阅读更多该博主的文章。

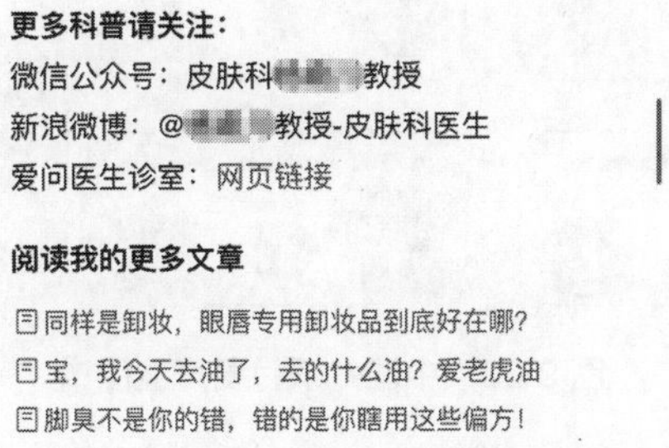

更多科普请关注：
微信公众号：皮肤科████教授
新浪微博：@████教授-皮肤科医生
爱问医生诊室：网页链接

阅读我的更多文章
⊟ 同样是卸妆，眼唇专用卸妆品到底好在哪？
⊟ 宝，我今天去油了，去的什么油？爱老虎油
⊟ 脚臭不是你的错，错的是你瞎用这些偏方！

图 9-22　微博文章下方的导量链接

（2）利用社交媒体平台，保持搜索指数和外部链接。如今社交网站很多，微信和 QQ 等应用早已深入人们的生活起居里，那么可以利用这一服务平台来保持模块的搜索指数和外部链接。

（3）利用知乎问答、悟空问答、豆瓣等做关键词连接这些平台可以开展外部链接，但是必须有一定的操作方法和技术性，不然实际效果不佳。

值得注意的是，时下导量合作中，最关键的部分是内容产品的品质和导量素材的创意，直接关系到导量合作的成败。

以 KOL（关键意见领袖）游戏导量为例，其创作内容与游戏品类的匹配度要求相当高，实体商品基本上只需要展示它的两个特性——有用、便宜就足够。而游戏，最大的难点在于如何把游戏爽点通过 KOL 所展示的内容进行无限放大，福利倒是其次，一款游戏能否被 KOL 跑起来很大程度得看该 KOL 的主要展示内容与游戏爽点的结合度，如果结合度不高，即使是大号，也跑不起来。在 KOL 主体内容展示特性不变的前提下，不同品类的游戏被赋能的效果差异特别大，比如以幽默内容为主的某抖音号，其拥有近千万的粉丝受众，但不同类型产品在其中投放的效果也不一致。

5. 内容付费

知识付费是在近几年才兴盛起来的，得到、分答、喜马拉雅、微博问答、开氪……越来越多的知识付费平台的接连而起，试图在"内容为王"的新时代分一杯羹。

几乎每个平台都经历了"爆红"的一段时期，背后正是抓住了分享经济时代的特点，解决了人们在移动社交体验中知识和经验不对称的问题，某种意义上，正是糟糕的免费内容太多、太杂乱，反而促进了人们有意识地对精品内容付费意愿的增强。

图 9-23 所示为中国知识付费产业图谱。

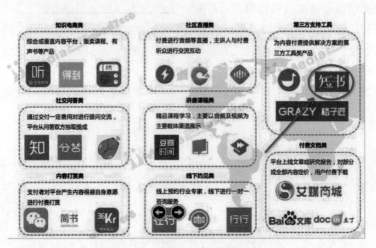

图 9-23　中国知识付费产业图谱

知识付费变现的优点使内容付费的收入较为稳定，用户的留存与黏性较高，容易产生正向的循环。内容付费最大的一个优势就是现在有工具可提供帮助。但其缺点也非常明显，使用内容付费这一种变现模式，要注重的一点就是内容的质量必须要有保证，内容质量是直接与用户的订购数量成正比的，所以如果质量不好的话该内容会出现滞销的现象。

6. VIP 社群

社群是一个新兴的物种。随着移动网络的普及，手机就像我们身上的器官一样，在"两微一抖"的强力分割下，我们的注意力越来越分散，但是我们的活动却越来越集中。我们被划分到一个一个的群里，这群里有趣味相投的人，有志同道合的人。无论是 QQ 群、微信群、微博，还是各种贴吧、论坛，都正成为运营人抢占的高地。社群不仅仅是各种群，更是一种生活的方式，一个共同的文化。

VIP 社群是专门针对 VIP 粉丝的，是顶级粉丝的专属群，实际上就是为这部分粉丝一对一建群。言外之意，我们对 VIP 粉丝以一对多的形式为其建一个专属群。这个群里面除了客户自己，其他的角色，不管是群主、管理员、网红设计师、店员、业务员、老板等人，其实在某种程度上都是直接或间接为 VIP 客户群的专属权的这一个人服务的。

图 9-24 所示为某自媒体的 VIP 社群广告。

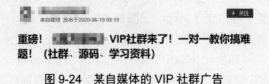

图 9-24　某自媒体的 VIP 社群广告

7. 自营电商

自营电商是一种电子商务模式，其特征是以标准化的要求，对其经营产品进行统一生产或采购、产品展示、在线交易，并通过物流配送将产品投放到最终消费群体的行为。

新媒体自营电商，顾名思议就是自己进行商品的出售，商品的成本、价格、出售等都是自媒体自己进行的，没有第三方的介入，这种是目前来说电商变现比较普遍的并且收益较好的。例如，一位美妆博主，现在开设了一家专门售卖美妆产品的淘宝店铺。

自营电商的优势是收益明显，并且可直接看到转化率之间的数据，对于优质的产品来说容易培养出忠实的粉丝，其对产品会有较大的信任，成交率高，可以跟产品的口碑形成统一，容易产生二次宣传的效果。

但同时，自营电商的缺点也很明显，比如其兼容性较差，大部分产品很难找到合适的电商产品合作、销售，并且对商品的质量具有非常高的要求，商品质量差的话容易使用户产生厌恶感，对产品的持续发展不利。

图 9-25 所示为某皮肤科医生的微博以及其自营网店界面。

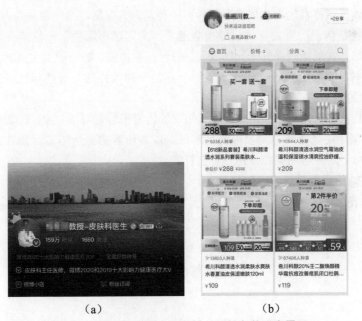

（a）　　　　　　　　　　　（b）

图 9-25　某皮肤科医生的微博以及其自营网店界面

8. 咨询服务

咨询是类似于请教、询问、商议等意思，服务是指提供帮助，咨询服务的字面意思是提供解决问题的帮助。从广义上讲，任何涉及请教、询问、商议等意思的双方问答事件，对于问方来讲，都可作为咨询服务。

新媒体的资讯服务主要表现为新媒体账号提供的资讯服务，通常是 KOL 为粉丝解答专业领域的相关问题。

图 9-26 所示为知乎的个人咨询广告。

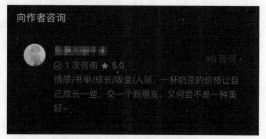

图 9-26　知乎的个人咨询广告

9. 打赏

打赏是指用户为自己喜欢的新媒体内容付费。微信公众号、微博、知乎、简书等新媒体内容平台都有打赏功能，打赏对这些创作者有着重要意义，因为这些打赏是他们进行内容变现的重要手段，一些资深的创作者仅凭一篇文章就可以获得成千上万元的打赏收入。

新媒体平台打赏的用户场景有两种：一种是为人打赏，另一种是为内容打赏。

以直播举例子，直播打赏已经很普遍了，大家都不陌生，一位稍有名气的主播一晚上光靠打赏就能获得几千元的收入。粉丝打赏主播，随即收到主播的实时感谢，相对于那些没有打赏的粉丝而言，他们会获得一种额外的荣誉感和优越感，这就是为 IP 打赏的根本逻辑。

除了直播打赏之外，微信公众号、知乎等内容平台也可以打赏，即优质的内容，不管是视频，还是文章，只要内容足够好，或者内容信息量丰富，读者读完能够有所收获，出于对内容的认可，用户也会打赏。

图 9-27 所示为微博文章的打赏界面。

图 9-27　微博文章的打赏界面

🔖 **课堂讨论：** 结合个人体验，思考你会为哪些内容打赏？为什么？

新媒体内容变现主要依靠粉丝，那么新媒体用户运营中的"变现"工作又有哪些策略技巧呢？大致分为 3 点。

（1）让粉丝乐于接受新媒体平台的广告。

粉丝如何能乐于接受新媒体平台的广告？大多数粉丝对待广告的态度为从不讨

厌到接受，再到乐于接受。想要达到这样的目的，我们就要避免粉丝不愿意接受的广告形式，了解粉丝对各种形式的广告的态度，比如，视频广告，视频缓冲时的广告可以接受，但是在视频播放过程中插播广告，这让很多粉丝觉得不舒服等。

（2）制作合适的广告。

广告行业有这样一句著名的话：我在广告上的投资有一半是浪费了的，但是问题是我不知道是哪一半。

每个自媒体账号都会有自己的定位和目标用户，打广告的具体过程应该是：分析品牌需求、掌握粉丝群体属性、描绘粉丝画像、确定广告匹配程度、制订广告方案。

有的自媒体运营者急于变现，看重眼前的利益忽略了粉丝的重要性，这样的做法未免不够妥当，对自身带来的负面影响也不言而喻。

（3）改变广告形式。

不管是软广还是硬广，通常制作广告的时候运营者会选择在创意或趣味上吸引用户，获取粉丝的关注。通常有两种方法可以选择：把广告做成内容和把广告做成互动。

如今利用自媒体账号做广告已经不再稀罕，有的账号甚至只做广告，每一篇推送都能保证创作质量，并且这些优质的广告内容还能获得粉丝的分享点赞。巧妙运用自己原创的内容，把广告用诙谐的创意做成图文，推送给粉丝，未尝不是一个好方法。

把广告做成互动，这就要提到某自媒体账号举办的"丢书大作战"的活动了，该活动加入明星元素，吸引粉丝的关注和参与。活动中"丢"的这些书其实就是广告商的赞助广告，但通过巧妙的活动设计，这些书并没有被粉丝讨厌，甚至书的销量还有了增长。

利用现在火热的自媒体平台做广告既容易也困难，容易的是可选择的平台、账号有很多，困难的是如何能做出优质的广告、有创意的广告，同时不掉粉还能被粉丝乐于接受。

课堂讨论： 为什么说"变现"是新媒体用户运营的最终目标？

9.2 微信公众号用户运营的道与术

现在很多人都有自己的微信公众号，微信运营最重要的是微信粉丝的运营。粉丝的数量决定微信公众号运营的品质，那么微信公众号应该怎么吸引并维护微信粉丝呢？

9.2.1 微信公众号吸引粉丝的技巧

粉丝是微信公众号最有价值的组成部分，任何一个公众号如果脱离了粉丝，就没有了存在的意义。从投入运营的初级阶段到快速成长期，再到稳定的成熟阶段，始终会产生新的粉丝关注，拉新贯穿了公众号的整个生命周期。

1. 使用原创保护功能

为鼓励优质内容在微信公众平台产生，维护作者权益，微信公众平台给文章原创者进行声明的机会并对原创内容进行标识，目前暂时向已经微信认证的媒体类型公众账号和部分原创度较高的个人类型公众账号提供原创声明的机会。其中，原创具体是指自己写的、独立完成创作的作品。歪曲、篡改他人创作或者抄袭、剽窃他人创作而产生的作品，改编、翻译、注释、整理他人已有创作而产生的作品均不能算作原创。

图 9-28 所示为微信公众号的声明原创编辑界面。

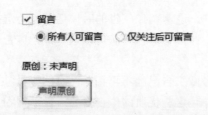

图 9-28　微信公众号的声明原创编辑界面

想要获得微信公众号官方给予的原创保护功能，必须注意以下几点。

1）足够的运营时长

公众号必须是已经运营了数月以上，可以让微信官方充分了解该公众号的运营情况是否良好，其中，包括文章内容是否优质、更新频率是否正常、原创度是否达标等。

2）保持高活跃度

公众号更新推送的频率要有保证，订阅号每天都可以推送文章，如果能坚持日更，则活跃度将达到最高，获得原创的时间会大大缩短；如果没办法每天都更新，至少要有规律短间隔地更新（如每隔两三天更新一次），长时间不更新（如隔了10天半个月都不推送一次），活跃度很低，微信官方是不会把公众号作为邀请对象进行评估的。

3）原创文章的数量充足

微信官方能从多篇文章中判断出该公众号整体的质量和原创度。作为运营者，尽管无法探知具体的数量标准，但持续输出，保证一定的量是必然的。

4）文章原创度尽可能高

"原创声明保护功能"，从名称就可以明白，该功能的核心是要求文章的原创度，因此是否原创是评判的主要标准。公众号官方拥有庞大的原创文章库，通过检索，微信系统会根据公众号上传的文章比对平台上所有文字数据，自动判断该文章是否属于原创，原创的程度如何。

5）无抄袭史

在公众号的运营过程中，不能够出现被粉丝／其他运营者举报抄袭或者被微信官方认定有抄袭行为。有抄袭的历史将非常影响公众号的运营。

微信公众号的原创声明保护功能，既是保护伞也是拉新的秘密武器。它是微信官方为有效保护原创作者权益、提高原创内容生产者积极性、抑制抄袭杜撰行为的利器。

随着原创保护的开通，公众号发布的所有原创文章都可以设置原创标志。当别的公众号转载平台某一篇原创文章时，该公众号的文章底部会自动带上转载文章的公众号来源，直接点击该来源即可跳转到平台的公众号关注页面。通过另一个微信公众号曝光，吸引潜在读者通过底部的来源进入原号，成为新的关注粉丝，正是原创功能吸粉的秘诀。这种方式的吸粉，完全不需要花费金钱，并且新增来的粉丝精准且质量高，效果极佳。

2. 在自媒体和社群中做好内容分发

自媒体和社群是两大不可多得的内容分发平台，它们巨大的兼容性，让各式各样的内容得到了展示和传播。挖掘并利用自媒体／社群进行内容推广，可以扩大目标受众群，提高公众号知名度，把平台里面的用户吸引进来，成为自媒体平台的关注粉丝。

1）自媒体平台投稿

自媒体平台投稿是指把公众号文章向内容定位相符的平台进行投稿。在作者介绍、文章来源甚至是文章内容里面，巧妙地插入自己的公众号信息（名称、ID），提高公众号的品牌曝光率的同时，让阅读了文章从而产生兴趣的潜在读者，能够进一步通过留下来的公众号名称或者 ID 找到公众号并关注。

自媒体平台投稿的关键是对平台的挖掘和选择。平台的属性要符合公众号的内容定位，还要有足够大的流量。表 9-3 所示为主流自媒体平台投稿信息（部分）。

表 9-3 主流自媒体平台投稿信息（部分）

自媒体平台	特点	投稿难度
今日头条	综合性的免费投稿平台，适合各种类型的文章投稿；需注册头条号；采用推荐制，支持原创功能；平台流量非常大，某些文章可达几十万甚至上百万的曝光量；投稿文章可带自己的公众号信息作为引流入口	容易。基本能被审核通过，审核速度快
百家号	互联网综合性的免费投稿平台，适合"互联网＋"、创投、硬件、电商、技术、游戏等类型的文章投稿；需注册百家号；如果投稿的内容足够优质，将会在百度新闻的网页版、移动端呈现，并被百度搜索和百度其他产品线收录；但一般没有得到推荐的文章阅读量不高，曝光量不足	容易。基本能被审核通过，审核速度快
一点资讯	综合性的免费投稿平台，适合各种类型的文章投稿；需注册一点号；采用推荐制，支持一键导入文章；平台流量较大；但不要在投稿内容里面植入公众号广告信息，会被当软文处理，可以在文末或文首注明来源	较难。文章审核的时间相对较久

续表

自媒体平台	特点	投稿难度
简书	综合性的免费投稿平台，适合多种类型的文章投稿；需注册账号；采用推荐制，根据文章本身质量及流量表现进行自动化推荐，可以被推荐到简书首页	容易。基本能被审核通过，审核速度较快
知乎	综合性的免费投稿平台，适合多种类型的文章投稿（包括但不限于经济学、金融、互联网、科技、科学、心理学、饮食、旅游、家居、汽车等专业方向的内容）；可以注册个人专栏发布公众号文章，吸引知乎上面的读者关注，从而引流到自己公众号；可以把文章投到别的相关专栏，或者参与话题的讨论，带上公众号来源信息，增加曝光	在自己专栏投稿都能通过，参与话题讨论时发布文章也很容易通过

2）社群推广

社群推广主要是利用微信群和 QQ 群进行公众号（内容）的曝光达到吸粉目的。这些群都是由同一类型的人组成，包括合作群、互推群、阅读量群等，人数在几十到几百不等，既是公众号的潜在目标粉丝，也能给公众号带来二次曝光（粉丝通过转发文章到他们的朋友圈）。

如何找到这些群呢？可以巧妙地利用豆瓣、知乎等社交平台进行检索。以豆瓣为例，首先，注册一个豆瓣账号；然后，搜索并关注与微信公众号运营相关的豆瓣小组，可以是以"微信群"为关键词，也可以是与公众号内容定位相似的小组；最后，在小组已经发布的众多话题中找到适合的微信运营交流群申请加入。

图 9-29 所示为豆瓣平台截图。

（a）　　　　　　　　　　（b）

图 9-29　豆瓣平台截图

选择时机很关键，应该选在群里有人交流，处于热闹的状态，这样才能引起足够的关注。当然，最有效的手段，莫过于在发文章或者公众号名片求关注的时候，再快速发几个红包。

因此，加入相应的微信、QQ 群做公众号的推广不失为一种良好的传播以及吸粉方式。

3）公众号进行互推

相互推荐是一种双赢的友好合作方式。

就目前来看，公众号之间的互推，最常见的形式是把对方公众号的某篇文章（提前协商好）在自家公众号带来源推送。因此，新粉丝的主要来源就是互推公众号已有的内部粉丝以及它所面向的潜在目标粉丝群。

互推的关键是要找一个"门当户对"的公众号，有数量相当的粉丝基础、同类型或相似的内容定位、相同的公众号类型（同为订阅号或服务号）这 3 大点是匹配的关键。

3. 举办活动吸引粉丝

线上线下品牌商们时不时弄个打折促销、免费体验、买 x 送 x、限时秒杀活动等，虽然都是些老套路，却完全不妨碍一批又一批的新老顾客奔着优惠蜂拥而至。这就是活动的魅力！

相同的道理，把微信公众号当成具体的一个品牌或者产品去运营，把目标受众群体当成潜在的消费者，"关注"即相当于"购买"。商品可以通过各类优惠活动促成新的消费，那么，公众号自然也可以通过各类活动吸引新的关注。

为公众号做活动，不要仅仅局限于微信公众号这个平台，把思维拓宽到线上线下，就会有各种各样的渠道和类型任君挑选。新媒体运营者的目的是拉新，只要所做的活动带有吸粉目的，并把公众号展露出来（如二维码、公众号 ID、名称、链接等），不管怎样的活动都是可行的。

表 9-4 为微信公众号线上和线下活动形式汇总。

表 9-4 微信公众号线上和线下活动形式汇总

活动模式	具体的活动类型
线上方面	线上分享、公众号留言点赞、抢红包、签语、大转盘、有奖转发 / 问答 / 调查、投票排名、微砍价、微拼团、微信签到、趣味测试、微助力、一元购、微秒杀等
线下方面	培训、沙龙、地推、现场直播、免费体验、节日营销、促销、公益、周年庆、发布会、赞助、主题活动、晚会、展览会等

9.2.2 微信公众号维护粉丝的技巧

顾客就是上帝，对于新媒体运营者来说，粉丝就是他们的上帝，需要去维护好。简单来说，微信粉丝的维护就是做平台粉丝的体验，给他们一个好的体验空间，解决他们的需求。

那么，如何做好粉丝维护工作呢？

1. 设置投票话题

投票话题主要是让粉丝都参与进来，话题要有震撼性，最好是对当天的热门话题进行投票设置。而在设置这些投票的时候，需要对粉丝有足够的了解。

2. 自定义设置

微信本身带有的是比较少的自定义菜单，需要找第三方接口，新媒体运营者可以设置抽奖活动，或者信息查询之类的。

图 9-30 所示为"评论区抽奖"的微信公众号推文以及微信的抽奖工具。

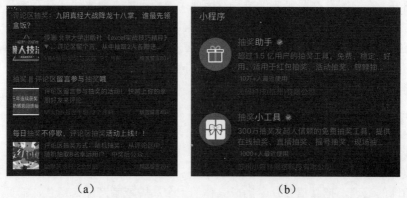

（a）　　　　　　　　　　　　　　（b）

图 9-30　"评论区抽奖"的微信公众号推文以及微信的抽奖工具

3.消息回复

对于粉丝的留言，平台不可能做到一一回复，只需要选择其中的一小部分留言来回复，就可以服务好粉丝。

做粉丝，不仅仅是做粉丝的量，最关键的还是需要把粉丝给维护好，只有维护好了以后，他们才会为内容买单。

课堂讨论：如果你在运营一个情感类的微信公众号，你会如何设置该账号的自动回复内容？

9.3　抖音用户运营的道与术

当新媒体运营者开始发第一个短视频时，不仅是短视频账号运营的开始，也是账号粉丝运营的开始。要知道，运营粉丝不仅仅是在有粉丝的基础上与粉丝互动，粉丝的运营包括如何吸引粉丝、维护粉丝、与粉丝之间的情感互动以及粉丝变现等诸多内容。

9.3.1　不同类别的视频用户运营技巧

针对不同类别的用户，抖音短视频账号的运营有所不同。大致可以将其分为路人粉、铁粉、内容粉和线下粉丝。

1.路人粉运营

针对"路人"这一类用户，需要实现的是"路转粉"的工作。

这一类用户可能是通过某一个爆款视频，而这个视频刚好满足了他们的某一项需求，从而产生关注行为；也可能是通过某种线上活动引导关注而来的粉丝。

这类粉丝带有一定的偶然性，他们更容易流失。吸引这类粉丝也有偶然性，而想要留住这类粉丝只能不断摸索。新媒体运营者可以通过观察粉丝互动区的互动情况来筛选目标用户，强化视频质量，留住粉丝。

2. 铁粉运营

铁粉是与路人粉截然不同的用户，他们对短视频账号或短视频主角在情感上有较强的依赖感和归属感。就像很多人追星一样，可能他们追的重点不是演员或者歌手的作品，而是这个人，铁粉也是如此。在他们眼里，内容不是最重要的，账号的调性和互动方式才是他们关注的重点。因此短视频的整体设定在一定程度上也是主播们人格魅力的折射。

这类粉丝的价值最高，其忠诚度和黏性也相当高，因此，他们也是在引流过程中最难以获得的。

如果新媒体运营者要吸引这类粉丝关注，一方面要有自己鲜明的账号设定和特点，另一方面则是通过加强粉丝对短视频的参与度来留住粉丝。具体执行则可以建立社群及沟通机制，多与粉丝进行日常交流，建立情感纽带，强化粉丝对账号的情感，同时也是他们提供反馈的有效渠道。还可以邀请他们参与短视频的选题、创意、文案当中，提升他们的参与度和被重视程度，增强粉丝黏性。

3. 内容粉运营

除了上述所言追"星"的粉丝，还有大量追"内容"的粉丝，这类群体是被短视频内容所吸引，从而产生关注行为。

这类粉丝也是短视频输出的主要粉丝群体，他们更注重从短视频中能收获到的东西，因为他们对短视频内容有不同的诉求。运营这类粉丝群体就要通过引导来帮助他们形成短视频使用习惯，进而深入挖掘其存在价值。

所以，如果想吸引内容粉，首先，要有稳定且持续输出 UGC（用户原创内容）的能力和资源；其次，最好能够形成流程化的内容生产机制，通过这种规律来培养用户习惯，留住粉丝。

4. 线下粉丝运营

这里需要注意，针对新媒体内容，尤其是短视频内容，还存在一种群体不可忽视——线下粉丝。这些粉丝虽然也是线上粉丝，但对于线下的活动更为青睐。

1）全民参与的线下活动

短视频的一个特点是，参与门槛低。而全民参与活动进入门槛也很低，但参与度却很高。全民参与活动在囊括各行各业的用户的同时，还能输出有趣的内容。新媒体运营者可以通过这样的活动来加强与粉丝的互动，这在一定程度上能够提升粉丝的活跃度、留存率并提高粉丝数量。

2）举办主题活动

主题活动针对的是垂直范围的用户，如果是做垂直短视频内容运营，这类粉丝运营方式就比较适合，通过这种方式不仅可以提升知名度，还能增强粉丝黏性。

3）定期举办见面会

就像明星见面会一样，这种活动方式很适合有影响力、个人魅力强的短视频内容创作团队。与自己接的品牌广告有部分重叠，通过这类活动可以驱动粉丝的购买力，强化与粉丝之间的联系。

9.3.2 抖音短视频吸引粉丝的技巧

以短视频为主体的抖音平台，吸引粉丝是一个账号从注册到运营需要不断进行的工作，即用户运营中的"拉新"。那么，针对抖音短视频，我们该如何为自己的账号吸引粉丝呢？

1. 用户引流转粉

个人进行引流，在微博、微信这些社交平台比较常见。如果想自己更加主动点，在这些平台也有一定数量粉丝，那可以试试给观众制造点利益，比如转发会抽什么奖励，要是视频想通过裂变式传播，可以上传到这些渠道试试。

但引流有个更为重要的要点，与推荐环节密切相关，后面会提及。

同时，好的视频自然能吸引很多观众，视频必须是足够优质的，是能够给观众带来实际价值体验的，不然观众都不看完视频，播完率低更难以有粉丝点赞，点赞都没有，很难再谈后面的事。

2. 优质视频内容创作

抖音的本质是有趣、有料的短视频，这些共同的优质视频成了抖音这款 App 的凝聚力，也是吸引年轻人的地方。抖音以独特简易的内容创作激发了大量年轻人被压抑的表演天赋，也因其独特的算法推荐，抖音迅速风靡全国，席卷年轻一代，成了很多人手机必备的消遣 App，占据了人们的碎片化时间，也聚集了流量。

所以，想要玩好抖音短视频，一定要从本质上做起，把握好优质内容视频的操作，坚持创作输出优质的短视频，有趣、有料的风口与噱头，或者话题，这样才能从本质上，从基础上把握住抖音，把握住用户，把握住流量。

3. 抖音算法推荐机制

以前很多人做公众号的时候，粉丝量是一个极其重要的东西，因为有了粉丝，公众号上发出去的文章才有被阅读和被分享的机会。但是到了抖音里面，系统会根据用户发布短视频内容的特点，自动把视频"分享"给系统认为会喜欢这个视频的人。对普通人来说，这就是红利期最大的机会。即便你的账号一个粉丝也没有，视频依然可以通过系统分享被成千上万人看到。

因此，我们一定要了解抖音的算法推荐。抖音的成功一半源于平台的优质视频内容，一半源于独特的算法推荐。抖音算法又叫内容分发，这个算法对于用户上传的每一个新视频都会给予一定的流量分发，然后根据这个初级的流量分发推算出这个视频是否值得推荐，分别从五个维度进行核算：视频播放量、视频点赞量、视频评论量、视频转发量、视频涨粉量。从这五个维度进行判断，然后算法会根据每个视频的类型贴上不同的标签，然后推送给相应标签的用户，这样就能紧紧抓住用户的兴趣，牢牢地把握住用户，这就是抖音算法的核心内容。

图 9-31 所示为抖音视频质量算法。

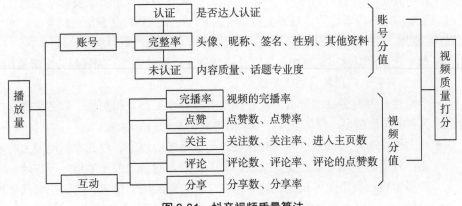

图 9-31　抖音视频质量算法

4. 热门视频诱导性评论

玩抖音除了善用 BGM（Back Ground Music，背景音乐）、@ 抖音小助手、互动反差标题、善用热门话题这些辅助内容外；还有一个时常被忽视的涨粉小技巧，即善用评论区。在热门视频下面与达人进行互动，往往也容易被别人注意到，如某网红和明星互动，吸粉无数。在热门视频的评论区进行评论，实现导粉，注意不是单纯地留下自己的抖音短视频账号名称。一般评论的内容，可以根据视频内容有感而发，尽量往走心、搞笑、产生共鸣等方向走，当然还要带有一定的诱导性。

这里需要注意的是，抖音的昵称将成为引流的关键，此时账号定位也会通过昵称来显示出来，例如，做电影号的，昵称可以改为"电影资源"，有这方面需求的粉丝自然会关注。

5. 抓住热点

抖音如何吸粉？无论是公众号还是抖音，蹭热点涨粉，总会有立竿见影的效果，在内容、创意、剪辑等方面无法制造热点的时候，蹭热门视频往往也不失为一个可行的办法。抓住热点大概分为几个步骤。

1）查看抖音热门话题

打开抖音 App，来到首页，点击右上角的放大镜搜索标志，选择"热点榜"。

图 9-32 所示为抖音热榜。

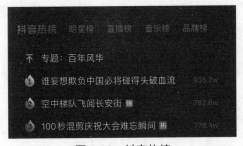

图 9-32　抖音热榜

2）参与热门话题，蹭热点

千万不要小看抖音上的热门话题的作用，如果想涨粉，千万不要忽略这些热门话题，要知道，热门话题的传播速度是非常快的。如果在热门话题出现的第一时间，可以赶紧制作一个蹭热点的视频，就有很大的概率能涨播放量、涨粉丝量。

抖音系统会根据热门话题的热度以及视频与话题的关联度，为视频分配流量。

3）怎么判断热门话题是否值得蹭

一个事件是否有借助的价值，要看其是否具有重要性、相关性、知名度等相关特征，具有的特征越多，价值越大，借助后造成的晕轮效应也越大。

- 相关性指事件与受众群体的相关度。一般是指心理上、利益上和地理上的联系，联系越多越容易被受众关注。如大多数人对自己的出生地、居住地，或曾经给自己留下美好记忆的地方怀有一种特殊的依恋情感。所以在选择事件营销时如果结合受众的地域性，就会更能引起这部分人的注意。
- 重要性指事件的重要程度。一个事件无论大小，首先要有影响力、有意义才能称得上是社会热点事件。判断内容重要与否的一个标准就是看其在社会上的影响力大小，一般来说，社会影响力越重大，受众越多，价值越大。

课堂讨论：结合个人体验，思考什么样的短视频内容会促使你进入其首页？

9.3.3　抖音短视频维护粉丝的技巧

当短视频账号拥有了粉丝之后，需要对粉丝进行维护，与粉丝建立更加亲密的联系，增加用户黏度。

1. 让粉丝活跃起来

文案和内容要能吸引用户积极评论，这样粉丝就会活跃起来。

视频主题可以是某些产品的深度评测，让用户发表观点的，比如美妆产品评测、护肤品评测、电子产品测评等；也可以是有争议的社会舆论话题，引起大家愤怒的，比如不遵守交通规则等，或者是利用用户同理心引起观众共鸣的事件，比如情感话题、职场故事等；也可以结合固定的节日或时间，让国人自豪、举国同庆的大事，比如国庆、过年等；还可以是一些有趣的 vlog（视频日志），让用户持续想要关注这个人的生活，比如个人生活、小剧场等。

观众提起兴致写了很多评论，或是私信给创作者，创作者要积极与观众进行互动，促使观众对创作者保持好感，吸引他们持续关注。

2. 让粉丝留下来

短视频用户在看完短视频之后，通常有 4 种动作：点赞、评论、转发和关注。图 9-33 所示为抖音的点赞、评论、转发和关注按钮。

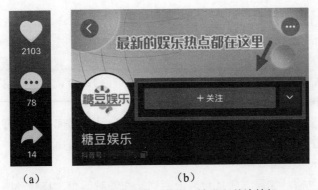

（a）　　　　　　　　　　（b）

图 9-33　抖音的点赞、评论、转发和关注按钮

观众点进创作者的个人主页并关注，就是对应于留存。其实细分起来，这时候又会有两种情况。

第一种，创作者最近或以前的视频和这个热门视频有差不多的风格和效果，或搞笑或有深度，总之是能给观众带来价值的内容。这个时候用户就会一直看下去，甚至点个关注成为创作者的黏性粉丝。

第二种，创作者之前的视频很少或者质量参差不齐，无法让观众感受到独特性和价值性，认为这个视频也只是一时热门而已，最后也是点击关闭或上滑离去。

观众愿意一直看同一个创作者的视频，很多时候都是因为这个创作者能一直产出具有独特风格、有价值的、垂直于某个领域的内容。所以，持续输出优质、符合个人形象设定、能输出自己个性角度的视频内容，具有独特性、观赏性、价值性，才是留下粉丝的关键。

3. 让用户主动推荐

好的内容才会让用户主动去传播推荐。

除了用户方会推荐，还有哪些渠道呢？

在视频网站一般很少见到创作者号召观众多分享转发，原因是平台会做这件事。

许多平台有灰度测试的算法推广，也就是说，平台会先给一小部分人推送内容，监测他们的反馈，如果这部分观众停留时间长、点赞、评论了，说明这个视频的质量还算不错，系统会推给更多人。以此类推，如果一路下去反响特别好，就很容易上热门了。

一定时间内的点赞数、播完率、评论数、收藏数等数据，决定了这个视频是否会被平台主动推广给更多用户。当然，除了以上这些方法，视频质量要保持、视频数量要持续、视频互动要坚持，只有保持长期输出目标观众喜欢的优质视频，经常与观众互动，树立个人形象和领域权威，这一套运营的闭环才能长期健康循环下去。

课堂讨论：抖音平台的粉丝维护工作还有哪些技巧？

9.4　直播间用户运营的道与术

时下各类直播平台层出不穷，除了老牌的斗鱼直播、熊猫直播等，还有热门的电商类头部直播平台淘宝直播，除此之外一些短视频平台、社交平台都推出了直播功能，例如，抖音直播、快手直播、微博直播等。

虽然直播平台繁多，直播内容也各不相同，但是直播间用户的开发与维护还是有迹可循的，主播的职责也是有迹可循的，主要分为5个方面。

1. 在线时长与直播频率

作为一名主播，如果三天打鱼两天晒网，在线时间少，直播频率不规律，那么就认识不了太多经常来直播间的用户，接触到核心用户的概率就很低，积累到的粉丝就少。

因此，必须保持稳定的在线时间与直播频率。勤奋，取决于态度，而往往态度决定一切。无论是哪种类型的主播，几乎所有高收入主播，都是在线时间相对稳定，开播时间较长的。

2. 沟通能力

一个人的沟通能力直接决定了其在直播间的受欢迎程度。以新游客进入直播间为例，主播是否欢迎，是否与他们进行互动，是否照顾到他们，是否为他们免费点歌等。当主播在和铁粉互动的时候千万不要忘去开发其他用户，让他们都加入粉丝团，成为潜在铁粉。

一个优秀的主播应该是平易近人的，这样其直播间永远才会使用户感觉很放松。

3. 差异化

网络主播实质上是一个销售员，你付出的是你的时间、歌声、舞姿，以及你的其他才艺。因此，这些也是你的卖点，如果你想在网络直播间里面脱颖而出，你就要具备和别人不一样的风格，这样才能出奇制胜。把不一样的你，带给每个到你直播间来听你唱歌，看你跳舞的用户，把你对生活的态度和感悟，你最美好的一面，展示给粉丝，让粉丝知道你是一个积极、活泼、开朗、对生活有着美好憧憬的主播。

4. 直播间氛围

直播时最怕什么？空气突然安静。有人气但没人理，主播播得也没劲。

直播间的气氛把控，主要在于主播知道如何激发粉丝的兴趣，当直播中出现冷场的时候知道如何找话题聊。

5. 抓住用户需求

只有抓住用户需求，才能将用户引入直播间并留在直播间。相关调查数据显示，相比普通电商购物渠道，消费者选择直播带货最主要的原因有以下两个方面：①大大地缩短了消费决策；②更优惠的产品价格。

除此之外，更好的消费体验、更全面的产品展示、更容易选到心仪的产品等方面也让直播在电商中的权重占比更高。

图9-34所示为正在直播的主播。

（a）　　　　　　　　　　（b）

图 9-34　正在直播的主播

吸粉量是衡量一个直播间是否优秀的重要标准。转粉率越高，直播间越有人气，直播的流量和销量才会更好。同时，"得粉丝者得天下"，粉丝基量越大，粉丝黏性越高，直播间上人越快，主播商业价值越高。

那么，直播间的用户运营具体又有哪些方法与技巧呢？

9.4.1　抖音直播间的用户运营技巧

抖音作为一款短视频应用软件，该平台也推出了直播功能，主要以电商带货和才艺展示为主要直播内容。抖音直播间的用户运营技巧有以下几种。

1. 开播前2小时发布优质作品，投放"抖+"或者巨量千川（注意"抖+"重内容，巨量千川重营销）

按照抖音的算法机制，每位用户在发布短视频作品时，都会推荐一部分小流量。只有当作品的数据优秀才会再推荐给更多的人看，因此，发布的这个作品一定要优质，以争取获得更多的流量。

同时需要看准时间，在开播前 2 个小时发布作品，再投一下视频抖 + 或者直播抖 + 获得更多的流量扶持。

2. 直播预告

如果直播是固定的时间，在主页的个人简介上，添加直播的时间，比如每晚 7：30 直播；也可以在发布的短视频内插入标题：每晚 7：30 直播，或者放在备注上。

图 9-35 所示为抖音个人介绍的直播预告。

图 9-35　抖音个人介绍的直播预告

这样子做有一个好处，就是培养粉丝，让粉丝养成一到时间就会到主播直播间观看的习惯。而一旦习惯养成，粉丝黏性就越高。

　　如果直播是不固定的时间,就在直播前的一两天发布作品时带上直播时间的预告。同时,建议动用所有可以动用的资源,将直播预告发布在公众号、朋友圈、微博等地方。

　　3.开启同城定位

　　抖音除了推荐页、关注页,还有同城页,同城页是抖音官方针对同城好友引进的流量池。对同城信息感兴趣的用户就会进入这个页面逛一逛。建议开启同城定位,增加曝光度,这样能够吸引同城粉丝。

　　注意,发布抖音短视频作品的时候也是可以加定位的。

　　图9-36所示为抖音的同城界面。

图 9-36　抖音的同城界面

　　4.直播抖音码分享给好友

　　主播开播的时候,立刻将直播间生成抖音码分享给QQ、微信好友,让熟人、老粉丝帮自己涨人气。并且安排好给老粉丝的福利,比如截图以往订单给客服,即可获得优惠券,或者下单备注老粉丝既可获得一份小礼品。

　　图9-37所示为某专营店的抖音直播码。

图 9-37　某专营店的抖音直播码

5. 积极与粉丝互动

如果没有粉丝提问题，直播间人气并不是很旺，主播可以安排一两个小号与自己互动，并且自己要设置好话题，话题要与自己的直播属性相关，比如相关的知识、技能分享。

在直播过程中，主播一定会遇到粉丝提问题。这个时候要对粉丝提出的问题及时回应，并且表示肯定，比如重复一次问题。而遇到粉丝关注自己，主播要主动发送感谢关注的话语。

不管粉丝有没有理会，主播都要通过这种互动，把自己家的服务做到位，在和这个粉丝沟通的过程中，无形中也是在介绍自己的服务给其他粉丝。

图 9-38 所示为直播间截图，粉丝在弹幕进行评论，主播则进行解答。

6. 引导关注和营销

对于刚进入直播间的用户，主播要记得引导他们点击直播间上方的头像，进行关注。每次直播，只要有用户进入直播间，就要点名用户欢迎其进入直播间，或者在直播间用白板写上：喜欢我就关注我。

营销主要是指福利方面，也就是抽奖、优惠券的设置。没有好的福利是很难培养忠实粉丝的。抽奖要讲究方式和方法，切勿一次性将奖品抽完，而是要把抽奖活动打散在直播中的各个环节。比如，当主播觉得场面有点冷清的时候，就可以利用点赞、抽奖、送奖品等方法来提升直播间气氛。

（a）　　　　　　　　　　　（b）

图 9-38　直播间截图

9.4.2 淘宝直播间的用户运营技巧

淘宝直播是阿里巴巴推出的直播平台，定位于消费类直播，用户可边看边买，涵盖的范畴包括母婴、美妆等各种品类。

淘宝直播内基本上都是电商"带货"的内容，因此除了直播间通用的用户运营技巧外，就引流和变现的问题，其还有一些其他的运营技巧。

1. 善用抽奖可以快速引流

相信大家在很多淘宝直播间都能看到主播再喊倒数十秒，然后截屏抽奖这个互动方式。抽奖就是这类方法，可以通过手机截屏，也可以通过直播中控台的抽奖工具，发放的权益一般都是现金红包、免单商品、立减多少元等。这个方法在很大的程度上可以增加直播间的互动性，而互动性又和直播间权重有关联。不要小看这个抽奖，它不仅可以增加直播间互动，还能让粉丝养成来主播直播间的习惯，增加回访以及复购的概率，同时也可以短时间内提升主播的账号权重引来公域流量。

2. 直播间发放红包

观看直播的观众可以通过直播平台打赏主播，如赠送"游艇""跑车"等虚拟礼物。同样，主播也可以发红包或赠送礼物等方式来回馈观众，增加直播间的人气。主播发放红包时要提前告知观众发放的时间，如"今晚八点半给大家准备了红包""一大波红包马上就来"等，这是为了让观众知道抢红包的时间，在做好准备的同时还可以邀请更多人进入直播间等待红包，提高直播的人气。

图 9-39 所示为直播间正在发红包。

(a)　　　　　　　　　　(b)

图 9-39　直播间正在发红包